中国人的菜市场

老刘 著

中国友谊出版公司

序　言

在爱上烹饪之前，我就喜欢逛菜市场了。

对我来说，菜市场不只是鲜活食材的买卖场所，更是生动的美食课堂。

十多年前，身在北京还是商科留学生的我，出于好奇向寝室阿姨请教中式家常菜的做法。热心的阿姨从此每周带我逛一次菜市场，教我认识各种食材调料，从怎么挑选到怎么砍价，用最接地气的方式开启了我的美食旅程。

可以想象，在世界各地的菜市场里，每天都有数不尽的美食知识通过长辈之口代代相传。小到家庭私房食谱，大到当地饮食文化，都在这缤纷喧闹的市场里交流涌动。

"法餐教父"保罗·博古斯（Paul Bocuse）有一本名作叫 *La Cuisine du Marché*。可以翻译成"菜市场中的美食"。他主张，厨师应该从市场中挑选当日最新鲜、优质的食材，再进行烹饪创作，而不是带着菜单的限制去采购。

确实，只有用状态最好的食材，才能做出风味最棒的料理。而食材的不确定性也正是菜市场的魅力所在。

成为专业厨师后，菜市场对我来说更像是个游乐园。每到一片新的土地，我都急切地想去逛逛。一边发现新奇的食材料理，探索独特的烹饪方式，一边体验原汁原味的风土人情。回家后复刻当地美食，并以此为灵感创作融合料理，这已经成了一种习惯。

本书的作者——老刘也是资深的菜市场爱好者。她把中国富有特色的13处菜市场作为美食驿站，科普食材知识，分享逛吃见闻。同时，以菜市场为棱镜，探讨食物与人的关系，为各地的自然风物和人文景观献上一首赞美诗。

不管你有没有亲自去过这些菜市场，都会被老刘细腻的文字和影像打动，并从菜市场迸发的勃勃生机中获得新的风味感悟。

爱逛菜市场的人，不一定享受烹饪，但一定热爱生活。希望阅读本书的你，也会爱上菜市场千变万化的美味风景！

戴广坦　Corentin Delcroix
资深法餐及餐饮研发主厨

只要还有菜市场

在我的记忆里，逛菜市场是我最早参加的"City Walk"（城市漫步）。从早上六点开始，先跟着外公去公园晨练爬山，再跟着外婆逛菜市场买菜。可是小朋友哪有喜欢菜市场的啊？油渍渍、血淋淋的案板，湿答答、黏糊糊的地面，刚剁下来的大鱼头嘴巴一张一合，空气中到处都是复杂、腥咸的味道。好在外婆对菜市场里的动线了然于胸，选菜杀价熟稔于心，我们不会在这里停留太久。回家之后稍微帮忙打打下手，洗菜择菜，菜市场里提回来的东西很快上桌，简简单单又是一餐。

这是外婆的"Morning Routine"（晨间例事），中国人的"Farm to Table"（从农场到餐桌）。

后来我们的小城市开始出现超市，我相当喜欢这种明亮干净的地方（而且我小时候真的以为在超市拿东西不用给钱），再也不用去菜市场了！此后离开小城上学，到大城市上班，再后来开始出现外卖，然后是手机下单送菜……我真的有很久没有去过菜市场，好像离那种复杂、腥咸的味道已经很远了。

我开始会在旅行的时候，至少安排半天专门去逛菜市场，昆明、巴黎、马德里、惠灵顿、墨尔本、曼谷、河内……原来这些菜市场并不比我小时候的桂林菜市场干净，但是我已经开始习惯、喜欢这种脏乱，开始从复杂的气息中嗅到更多，比如萝卜和芋头上附带的泥土味道，早上杀猪后残留的血气……

我们已经把一顿饭的时间极限压缩到最短，在餐厅催菜，在沙发上催外卖，料理包帮我们预制菜肴，大数据替我们决定什么最好卖。而你呢？有多久没有逛过菜市场了，又有多久没有从食物本来的样子开始思考那个终极问题——今天我要吃点什么？

我赞美工业化，感恩物流和快递，但是在这本书里，你可以看到一种更直白鲜活的方式，关于不同地方的人们如何挑选食物，如何安排三餐。

你可能会发现，看过本书，再次关心粮食和蔬菜，是一件挺解压的事情。

只要还有菜市场，在最坏时候，懂得吃，不会乱。

"造洋饭书"公众号作者
韦嗯

目 录

01 云南昆明：篆新菜市场   7
这可能是最能体现生物多样性的菜市场

02 云南昆明：木水花野生菌菜市场   41
向"野"而生

03 云南蒙自：海边寨花鸟市场   65
走，赶花 GĀI（街）KÈ（去）!

04 云南保山：保山菜市场   97
菜市场里的远山与森林

05 云南西双版纳："热带雨林"菜市场   129
跟着植物爱好者去"赶摆"

06 贵州贵阳：菜市场菜   159
菜市场里的"风味博物馆"

07 广东广州：岭南风味里的菜市场   189
唔可以唔饮！

08 江苏南京：石臼湖里的菜市场   213
水乡孕育出的干鲜清甜

09 安徽合肥：农夫市集   229
餐桌在香椿的香气中苏醒

10 安徽铜陵：大通古镇   253
都说这里的江豚需要保护，姜也是啊

11 安徽崔岗：在家里开的市集   273
从城市到乡村

12 湖南长沙：荷花池菜市场   297
江湖小岁月

13 甘肃天水：陇上江南   319
悠长时光中的酸甜苦香

01

云南昆明：篆新菜市场

这可能是最能体现生物多样性的菜市场

中国人的菜市场｜云南昆明：篆新菜市场

1. 新鲜的韭菜花。

篆新菜市场
这可能是最能体现生物多样性的菜市场

羊肉的灵魂伴侣非韭菜花酱莫属。韭菜花先晒再蒸，随后和沙果、京白梨、嫩姜一同碾碎成泥，这样做出来的韭菜花酱里既有鲜姜的微辣，又盈满了果实的甜香。三人两狗去逛云南昆明的篆新菜市场，发现里面也有一坛用小米椒腌渍的韭菜花酱。旁边还有木姜子酱、茎菜根酱、鸡枞酱、松茸酱……层层叠叠，蔚为大观。同样让人目不暇接的还有春天的篆新菜市场里来自云南全境的野花和野菜。在这座占地面积20亩、建筑面积1.3万平方米的菜市场里，除了滇西北高山草甸的大

中国人的菜市场―云南昆明：篆新菜市场

1. 云南人的南瓜、姜柄瓜。姜柄瓜火腿焖饭很好吃。
2. 黑老虎，五味子科南五味子属。
3. 菜市场里的韭菜花酱。
4. 茎蓝，十字花科芸薹属，凉拌爽脆开胃。
5. 云南品种的金佛手，看上去颇豪迈。
6. 和我们一起来的还有巴顿和小苹果，三人两狗逛菜市场。在世界木屋村住了三天，每晚2元。

白杜鹃，滇中地区常食用的玫瑰花、金雀花、桑葚花、苦刺花、石榴花、核桃花、棠梨花，在河谷中盛放的艳红色的硕大木棉（即攀枝花），滇南热带雨林孕育出的高大树木之花——芭蕉花、石梓、火烧花，还有各种野菜——臭菜、灰灰菜、刺老苞、雷公菜、荷叶尖、花椒尖。从海拔6740米的梅里雪山主峰卡瓦格博峰到平均海拔2000米的哀牢山，再到位于河口县元江与南溪河交汇处的云南省海拔最低点（76.4米），它们的足迹遍及这片跨越了寒带、温带、亚热带、热带的区域，将彩云之南的风味贯穿由横断山脉和云贵高原组成的植物王国和世界花园。在联合国《生物多样性公约》第十五次缔约方大会的举办地——昆明，在这座城市的菜市场里，它们自然的生命原力潺潺流动。山川风味透过似锦繁花、婆娑树影来到这里，在菜市场里腾挪流转，让首次踏入这张庞大生命之网的人与之链接、共振。

1. 紫藤南瓜羹。

今生买花（菜），来世漂亮

　　从高山雪线到热带雨林，据悉云南有着多达 800 余种常见的食用花卉，是世界可食用花卉种类最多的地方。对于昆明的朋友来说，春生万物时，就是去菜街（gāi）子买花（菜）的时候了，鲜花当菜买，今生买花，来世漂亮。

　　紫藤花和海棠花开得繁茂时，来自云南全境的野花和野菜汇聚为洪流，涌入篆新菜市场。山川、高原、峡谷、平原纷纷输送来丰饶的物产。紫藤花纤细的花瓣在氤氲的水汽中泛起光芒，稍微烹煮即可食用。例如可以拿来做紫藤南瓜羊羹。

中国人的菜市场―云南昆明：篆新菜市场

1|2　1. 和南瓜花做近景搭配的还有南瓜尖、茴香、香茅草，用它们煮出的杂菜汤特别好喝。
2. 雄南瓜花只有早上9点之前才能拍到开得好看的。

　　南瓜羊羹里没有羊，但是确实有南瓜。菜市场里有清晨采摘的南瓜花，带有嫩叶、杏仁、紫罗兰和谷仓香调，还有些许辛辣。用新鲜南瓜花来摊鸡蛋，做成南瓜花三明治时，南瓜花与富含蛋白质的食材相结合，碰撞出深层的鲜美。以热油包裹又是另一番光景，如若搭配咸鳀鱼和马苏里拉奶酪，就成了意大利的一道常见小吃。有时候你会在摊位上看见，和南瓜花做近景搭配的还有南瓜尖、茴香、香茅草，用它们煮出的杂菜汤特别好喝，这是来自滇西南大山深处的吃法。

　　通过一朵花的馥郁香气，可以感知全世界。在之后的风味之旅中，伴随着偶然和惊喜，这朵花会孕育出完全不同的风味，最后不着痕迹地融入一日三餐，润物细无声地让人领略舌尖美好，如拂面的春风一般。

　　植物竞相盛开自己的花朵,吸引着传粉动物不远千里地从四面八方汇聚而来,在采集藏于花朵深处的香甜花蜜的同时,也将花粉传递给其他花朵。为了防止被闻讯而来的动物们采摘取食,花朵又演化出了自带苦味毒素生物碱的防御机能。人类在对万千滋味的探索中,也发现了很多与其制衡的方法,比如在实践中掌握的水火相容之术。当人类懂得尊重自然、师法自然的时候,自然界总能替我们找到一物降一物的搭配。2月中,棠梨花最先绽放于滇南的山头,喧喧嚷嚷的云南食花季开始了。新鲜的棠梨花可以用来做糯米粑粑。将棠梨花以加入盐的沸水氽烫,再以冷水浸泡,之后反复漂洗,就完成了初加工。再与糯米粉、火腿丁充分搅拌,最后用温油慢慢煎到外酥内柔。火腿肉里的油脂和盐徐徐沁入糯米粉,而棠梨花在温油不疾不徐的牵引下,释放出紧锁的鲜,鲜甜中透着咸香。这是冬的渐隐,春的渐进。

　　滇中的金雀花开始接力。豆科锦鸡儿属的金雀花滋味鲜甜,将其与鸡蛋同炒,鸡蛋中的氨基酸便可引出春花原味之鲜美。而去除了苦涩的苦刺花则和油脂一道,与各种香辛料打配合战,比如与野生藠头和腊肉同炒。如法炮制的还有桑葚花(当地惯常叫马桑花),经焯水处理后再和宣威火腿一较高下。以盐封存的火腿既是食材,也是调味料,在时间的轨迹里留下芳香和余味。火腿中饱含的油脂延缓了花中鞣酸和唾液蛋白质的黏合,消解了苦味,在水雾蒸腾、火光明灭中,人们借助油脂和蛋白质消解苦涩,滋生出鲜与甜。生活的希望也在一朵花的苦尽甘来中孕育、生长。

1|2|3　1. 金雀花。
　　　　2. 棠梨花。
　　　　3. 小春的金雀花煎蛋。

每年3月,独立于河谷中的高大木棉盛开的花朵如举火烧天。在云南,人们吃的是木棉花的花瓣和雄蕊。煮15分钟左右捞出,再于水中浸泡两小时。处理好的花蕊可一蕊三吃:搭配猪肉做成猪肉酱帽子,和腊肉同炒,又或者用刺芫荽、小米椒、香柳叶、酸木瓜醋调成的蘸水凉拌。云南人只吃鲜花,而到了广东,木棉则常被拿来晒干煲汤或煮凉茶。

1	
2	3

1. 石蒜科葱属的薤头,可作为香辛配料,也可以单独凉拌或腌渍。
2. 每一朵桑葚花里都饱含着花粉,要冲洗干净。
3. 高大的木棉,锦葵科木棉属。

    3月中旬，从滇南到滇中开得漫山遍野的还有豆科羊蹄甲属的大白花（又叫白色羊蹄甲、白花洋紫荆、老白花）。菜市场里的大白花有新鲜的和处理好的两种。个旧的朋友称它为"玉荷花"。清明是个旧人吃玉荷花的时节。在当地，基本每家每户都会将玉荷花用水焯过之后冰冻起来。玉荷花老奶洋芋是云南红河州十分家常的做法。土豆煮熟之后捣成泥，玉荷花生炒至变色变软后，就把土豆泥放进去搅拌，可以适当加水，最后只需用盐稍许调味即可。也可以加入水豆豉、韭菜同炒。我无心插柳，用腌番茄的铜陵白姜酸汁来凉拌，滋味也甚好。有时候成功是误打误撞得来的……

1. 新鲜的羊蹄甲大白花,豆科羊蹄甲属。
2. 市场里经焯水处理的羊蹄甲,半成品,可直接食用。
3. 看到我生日宴上"雷司令"旁边的大白花了吗?虽渺小但存在。

5月的菜市场里,有一种大白花虽迟但到。那是来自滇西北高山草甸的白花杜鹃。杜鹃拌肥肠,嗜花的白族用繁花来消解生活的乏与腻。白花杜鹃旁边是附生在高黎贡山古树上的兰科植物石斛花,可以拿来泡茶。通常与石斛条摆放在一起,用来炖鸡极好。

跨越河流、经过村镇,一路向南,来到幽深静谧的热带雨林。芭蕉花是云南热带雨林里最为常见的花卉,成熟的花苞长达20厘米,重达2公斤。芭蕉花吃法众多,可以凉拌,做芭蕉花鸡肉沙拉;也可以包烧,做芭蕉叶包烧芭蕉花;抑或和猪蹄或猪肉一起炖煮,要选那种还没开放的嫩花苞,更嫩更甜。还有一种柬埔寨的吃法,就是配咖啡米线或者柬埔寨的酱米线,颇具山野之气。

每年的2月至5月,火烧花(别称火花树、炮仗花)也如约而至。作为西双版纳春季最美丽的乔木之一,密密匝匝的橙黄色冰激凌筒状花簇生长在老茎上,目之所及全是生命欲望的狂野幻化,这是雨林的春天。焯水去除苦味,再加上姜葱蒜爆炒,掉落于盘的火烧花,在烈火烹油中静待一次火凤涅槃。

1. 火烧花，紫葳科火烧花属，树干高度可达十几米，橙黄色的筒状花簇生于树干或一些粗壮侧枝上，这是雨林中典型的老茎生花现象。树皮、茎皮、根皮皆可入药。
2. 芭蕉花。

5月，怒江西岸、高黎贡山西麓的棕榈树会结出很多花苞，里面包着十分像鱼子的棕榈花，即棕榈科棕榈树的幼嫩花序，趁鲜嫩的时候摘下，就是市场里的棕苞。此时的棕苞最为鲜甜，吃花要趁早，稍老就会十分苦涩。你可以体验一把炭烤

棕树苞，又或者像云南人那样，将其和香肠、腊肉、辣腌菜同炒，抑或拿来煮瘦肉豆腐汤，佐以干腌菜、煳辣椒、姜、葱与香菜。棕榈心也可以吃，它是树茎里最柔软的可食部分，被称为"素菜之王"。处理过后的棕榈心甘甜爽脆，当它在一盘沙拉里与来自海洋的生物和牛油果相遇，会释放出特有的清香；沙拉里的海鲜则因经由棕榈果熬制而成的棕榈油的点化，愈发甘美，当一棵树的树心和果实彼此相遇，爽脆包裹润嫩，鲜香映照清甜，风味的另一道大门由此打开。

7月至10月,天南星科芋属芋头花占领市场里的C位。昆明人耳熟能详的是紫芋头花,还有一种绿梗黄花苞的绿芋头花。紫色的滋味浓郁,绿色的味道清甜。因为含有较强的毒性,吃之前一定要把花苞内的肉穗花序去除。将花苞从开缝处分开,剔除花蕊,切成长段,随后用水冲洗掉里面的花粉。没处理好的芋头花吃起来很容易麻嘴。把芋头花梗表皮撕除,掰成和花等同长度,也可以不撕皮,口感更糯,加上云南灵魂老酱和茄子翻炒均匀,然后再焖煮。在云南,芋头花和茄子是官配。用芋头花煮鱼也好吃。

再往前走是海菜花。这种孕育于高原湖泊的水鳖科水车前属沉水草本植物,江湖花名"水性杨花",向"阳"开放。白色的花朵像最薄的绸缎在粼粼水波中微微颤动。在烹饪的世界里,水也是最重要的食材之一。从湖泊里捞出的海菜花尚有些滑腻,须经过焯水处理,再切成2寸长短。沙地芋头去皮,火腿肉洗净切条,用菜籽油将火腿条煸炒出油脂后放入芋头和水,大火煮沸时放入海菜花,转中小火煨制。水中强大的氢原子带出食材的风味底色,这种底色又保留在水里,10分钟后,一锅既温和又复杂的海菜芋头汤就做好了。

1	2	3
		4

1. 棕苞。
2. 小春的棕苞宣威火腿。
3-4. 芋头花,撕掉表皮掰断时,生物碱也会析出,带来强烈的麻感。

中国人的菜市场—云南昆明：篆新菜市场

26

菜市场的野菜图鉴

吃野菜的季节,乡野间的物产汇聚成流,不断涌入菜市,生物的多样性与少数民族多彩的饮食风貌碰撞交融。小红书上有个博友让我试试刺老苞,说用德宏的干腌菜和土豆一起煮就很好吃。刺老苞,即五加科楤木的嫩芽,也有人称之为树头菜。鲜脆中带着润嫩,可用盐和沸水牵引出其中的苦味,同时将嫩刺软化,拌着吃、炒着吃、煮着吃均可。酸辣凉拌刺老苞是云南的傣味家常菜;干辣椒、刺老苞炒腊肉,是滇中和滇西部分地区的惯常香辣打法;煮汤,让鲜甜和苦凉充分融合,是丽江、迪庆等滇西北高海拔地区的人喜欢的口味。海拔的差异让风味也跟着参差起来。同属五加科的还有市场里的火镰菜,又叫梁王茶,是茶也是菜,可以凉拌或泡茶。

1|2　1. 五加科的楤木嫩芽,也叫刺老苞。带有嫩刺。这是植物的自我保护方式。
2. 五加科的梁王茶,当地惯常的叫法是"火镰菜"。

4月，当菜市场里的"树头菜"逐渐野性无状的时候，云南德宏的山林里，一棵真正的树头菜也即将迎来一年中的落幕时刻。树头菜，山柑科鱼木属，当地傣语直译过来叫"帕贡"，是当地以酸见长的傣味菜中的酸味来源之一，可以发酵并做成酸汤，也可以腌成酸菜。将树头菜的叶子加入煮熟的米和水中进行发酵，得到的酸汤是用来煮鸡的风味催化剂。树头菜腌制而成的酸菜与牛肉同炒，可以抑制动物蛋白残留的腥气，且酸香中自带绿色树叶的气息，让人想起它们在枝头蓬勃舒展的模样，整道菜也跟着摇曳生姿起来。

1. 真正的树头菜。
2. 山柑科鱼木属的鱼木，是树头菜的近亲，两者很容易混淆。
3. 腌渍树头菜。

中国人的菜市场—云南昆明：篆新菜市场

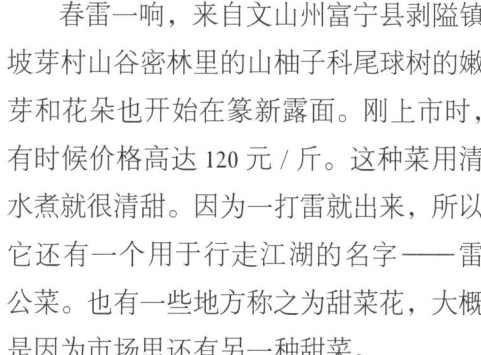

春雷一响,来自文山州富宁县剥隘镇坡芽村山谷密林里的山柚子科尾球树的嫩芽和花朵也开始在篆新露面。刚上市时,有时候价格高达120元/斤。这种菜用清水煮就很清甜。因为一打雷就出来,所以它还有一个用于行走江湖的名字——雷公菜。也有一些地方称之为甜菜花,大概是因为市场里还有另一种甜菜。

市场里的甜菜,其实是大戟科的守宫木(俗称"树仔菜""甜菜")。东南沿海地区将其称为"天绿香"泰国枸杞。经常和甜菜一起出双入对的还有来自西双版纳的臭菜,傣语叫"帕哈",其实是来自豆科儿茶属的羽叶金合欢。用来炒鸡蛋,滋味可以类比香椿炒鸡蛋。还有朋友建议我试试番茄鸡蛋煮帕哈、酸笋煮帕哈、田螺煮帕哈。菜肴出锅前一定要撒上刚从门口摘下的花椒叶和帕哈的尖尖,是傣族人的日常。

1. 摄影师农建斌拍摄于富宁县剥隘镇坡芽村,"芽"指的是密蒙花,神奇的《坡芽歌书》就出自这里。此地有烤鸭、扁桃以及各种糯食,比如粽粑,褡裢粑。七月半做褡裢粑,馅有咸的和甜的。
2. 黄精、雷公菜。
3. 图中右上是臭菜。

1	3
2	4

1. 我生日宴上的凉拌沙松尖,叶子呈针状,上面的蜡质可以减少叶子水分蒸发,抵御风寒。
2. 左上、右上、左下、右下依次为火龙果花、花椒尖、阳荷姜、花椒。
3. 左上、左中、左下、右上、右下依次为木姜子、荷叶尖(莲科莲属)、花生芽(豆科落花生属)、黄花菜(全花有毒,花蕊毒性最大,必须去除)、莲子。荷叶尖可以焯水后炒或者裹粉做成炸天妇罗。
4. 来自建水的草芽。

还有各种刚刚冒出来的花花尖尖芽芽,比如霸王花、黄花菜、阳荷姜、竹叶菜、灰灰菜、辣木、沙松尖、花椒尖、荷叶尖、花生芽,以及来自建水的草芽。茫茫林海中的沙松尖,就是沙松的嫩尖。焯水漂去松油的苦涩后即可凉拌,可以再放几颗红胡椒粒作装饰,辛香中又带着特殊的松木香。最细嫩的花椒叶尖叫花椒芽,它也可以吃,或焯水凉拌,或和面裹成饼。老一点的花椒叶可以用来炒牛肉。人可以吃,羊也可以吃,昆明周边的禄劝就有专门吃花椒叶长大的羊。而此时古城建水的草芽正匍匐于水下,一碗草芽米线就能打开春天的大门。你看,只要到了时间,植物从不失约,时节变换,秩序永存。

中国人的菜市场─云南昆明：篆新菜市场

2
1	3
4

1. 植物为了捕捉阳光，叶子张开方式真是千奇百怪。
2. 这家卖八宝饭的店铺每到过年期间都是排着长队。
3. 这家的千张红烧肉，云南的朋友说过年家里懒得自己做时，都是去买他们家的。
4. 在昆明很有名的一家专卖熟食半成品的店铺里的食物。

在菜市场里游荡一圈,买了姜柄瓜、马蹄草、花椒鸡、韭菜花酱、鸡枞酱、甜樱桃、释迦果。在这个草木汇聚的菜市场里,每一个摊位都是鲜活的、热辣的、独特的,每个人也是。目光所及之处,都流淌着滚滚生命力。首次踏入这片庞大生命之网的人,都会与之链接、共振。每个身处其中的人都有无数条游荡线路和无数种选择。我想,这就是篆新菜市场里真正的"生物多样性公约"吧!

1|2

1. 这家的花椒鸡也出名,除了传统口味的蘸料还有好多其他口味的。
2. "网红"木姜子鸡爪。

中国人的菜市场—云南昆明：篆新菜市场

1	4
2	5
3	6

3. 这家的甜白酒好喝。还有一家专门卖芝麻酱的店铺，在本地人的印象中经营10多年了，应该是篆新菜市场开业时就有。

4. 买了花椒鸡、姜柄瓜、鸡枞酱、韭菜花酱。

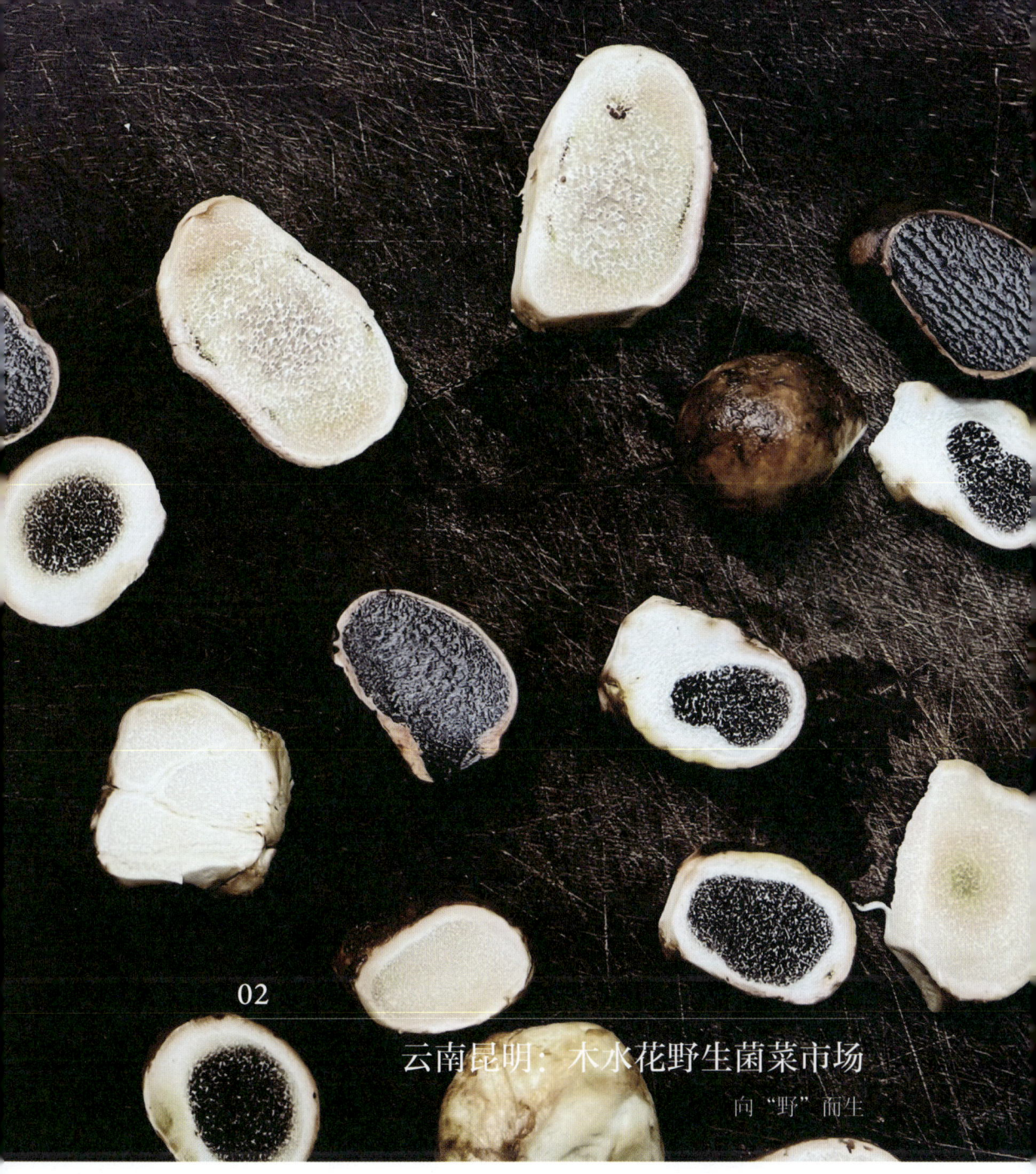

02

云南昆明：木水花野生菌菜市场

向"野"而生

中国人的菜市场 | 云南昆明：木水花野生菌菜市场

1. 珊瑚菌，当地又称扫（shua）把菌。

木水花野生菌菜市场
向"野"而生

随着北半球的日照时间越来越长，来自印度洋的西南季风带来雨汛，云南的山地丛林渐次进入了菌子季。春天渐隐，夏天来到。

云南有品种繁多的野生食用菌，它们既不是植物，不具备光合作用所需的叶绿素，也不是动物。而是隶属于另一个生物世界——真菌。迄今为止，世界上有上千种真菌低调地生活在森林里。

初夏，昆明的木水花野生菌菜市场里，全国各地的赶鲜人应时而动，跋山涉水奔赴一场野生菌山林盛宴。掺杂着季节的雨，野生菌子的鲜一举占领了时令美味高地。

木水花是昆明最大的野生菌交易市场，在云南，为什么叫菌子，而不叫蘑菇呢？大概是在云南人的心目中，称得上"菌子"的只能是向"野"而生的野生菌。至于我们平时吃的超市里的平菇、草菇、口蘑这些人工养殖的菌，都轮不着来细数。

每年的6月到10月是野生菌子的狂欢季，据说这里能找到257种野生菌。挎着菜篮子去水木花采集野生菌，菜市场里有人走马观花、四顾踌躇，有人近观细嗅，朝夕间便有所收获。牛肝菌、羊肚菌、鸡枞、松茸、见手青、鸡油菌，这些都是市场上常见的菌子，此外还有青头菌、虎掌菌、干巴菌、谷熟菌、珊瑚菌、奶浆菌等。它们有可能是来自楚雄的野生菌小镇南华，也可能原本隐匿在垂直落差超过4000米的高黎贡山上的4800余种植物中，被山中的捡菌人拾获，汇集到当地的收购商手中，几经辗转来到了这里。昆明本地基本不产菌子，楚雄、文山等地的菌子每天凌晨4点到6点会被运到这里。和篆新菜市场一样，这里白天是面向市民的零售市场，夜间则摇身一变成了远近闻名的批发市场。旺季来临时，夜晚的野生菌市场灯火通明。因为是"野"物，菌子大小迥异。同样迥异的，还有每一朵菌子独有的与山林打交道的方式，有和整片森林共生的，有靠腐殖质维生的，也有和动物一道演化的，还有寄生于树的。它们随季节出没，带着当地独有的土壤、草木、动物的呼吸，引来孜孜以求的人类。

中国人的菜市场—云南昆明：木水花野生菌菜市场

1|2 2. 干巴菌。

共存 | 与乔木共生，与森林共舞 |

雨霁天晴，来逛木水花。打眼瞧见的是沾满松毛、草茎的肥硕牛肝菌。它们与山林打交道的方式是合作共存。与乔木共生，与森林共舞。从还是土壤中的真菌开始，它们便会结识一棵幼树，共同开启一场青梅竹马之旅。土壤中的真菌菌丝与树根相伴而生，纵横交错，吸收着水分及养分。这些营养物质会被转移给树根，由根部经树干运送到顶端的树叶，然后在叶片里和二氧化碳结合，生成淀粉和糖类，其中的一部分会原路返回，来到地底，投桃报李，反哺真菌。在幽暗中滋长的菌丝破土而出，再将它的后代孢子散播到天涯。

很多可食用的牛肝菌承载着山林风味的至简之妙，有时只需用最基础的海盐和黑胡椒干式慢煎，便可把氨基酸、糖分和香气聚集拢起，送来出类拔萃的鲜。一口咬下去，像吞下一口泛着甜意的林风山雨。

牛肝菌在当地常见的"饭搭子"是蒜和辣椒，而且一定要用本地的螺丝椒。也可以用动物脂肪的香气去衬托它，比如牛肉。将牛肉逆着纹理切成粒，断开肌肉纤维，溶出的蛋白质与菌子里能产生近似肉香的硫化物相遇，造就了不着痕迹的里应外合。

朋友寄给我一箱黑牛肝菌用来乳酸发酵。提前低温冷冻，菌体所含的水分会形成晶体刺穿细胞壁和细胞膜，让更多的汁液析出。在28摄氏度左右的温度下发酵5~6天，直到达到所需的酸度和土质味。用发酵的牛肝菌及汁液做成的油醋酱和烧

烤是绝配,尤其适合搭配烤花椰菜、烤生蚝、烤花甲。

野生菌的价格通常是根据品相、大小、新鲜度来定的,越新鲜的越贵。一般来说,干巴菌是云南市场里最贵的菌子,它相当难摘捡,而且处理的时候必须用手撕去、挑出杂质,比处理燕窝还麻烦,所以很多人有时候宁愿加钱买菌贩子处理好的。牛肝菌的数量最大,品种也最多。据悉,每年云南牛肝菌的采获量起码有两万吨,品种多达144个。菜市场里常见的有黄皮疣柄牛肝菌("黄牛肝")、铜色牛肝菌("黑牛肝"),还有一种叫作"美味牛肝菌"的"白牛肝",对于它来说,"美味"不是形容词,而是它的正式中文名称。这些牛肝菌都长得像一把伞,背面有密密麻麻的小孔,菌柄肥厚,有肉质感。

牛肝菌虽然美味异常,但也充满危险。例如,木水花里常见的牛肝菌"见手青",这种菌子切开后,丰富的褐变酵素会让横切面变为靛蓝色,因此得到了这个别名。其真菌长成的子实体有时为了避开昆虫和一些动物的侵害,便发展出了协助防御性毒素。所以当地人常说:"红伞伞,白杆杆,吃完一起躺板板。"在云

$\dfrac{1}{2\ |\ 3}$

1. 黄癞头,即鼎鼎大名的黄牛肝菌,是世界著名野生食用菌。黄癞头并非一个物种,而是指具有一定共同特征的一类疣柄牛肝菌属真菌。

2. 白葱,黄牛肝菌品种之一。

3. 红葱,学名兰茂牛肝菌。

47

1 | 2 | 3
2. 黑松露。
3. 鸡油菌。

南,这些吃完会让你看见小人、小马满天飞的见手青主要有粉色、黄色、红色、紫色、褐色五类,至于品种,起码有 20 种,分为红葱和白葱两大类。见手青有毒性,属于"条件可食用野生菌",有一部分可以通过高温烹制解毒,但也不可过量食用并留意个体差异。豪气地在锅里倒入一层油,等油温到达烟点,加上腊肉、见手青、大蒜和煳辣椒一起翻炒。丰富的油脂裹挟着野生菌子散发的谷氨酸之鲜,朵颐之间,是置之死地而后生的酣畅淋漓。新鲜采摘的野生菌通常会铺在蕨类枝叶、松毛、芭蕉叶等针状或富含蜡质的叶子上以减少水分蒸发,不经意间平添一股乡野仙气。既是就地取材,也是属于本地人师法自然的智慧。

和乔木共生的野生菌还有世界闻名的松露。而在云南,在松树、马松树、栎树杂生灌木丛里长大的它还有一个名字——猪拱菌。虽然松露属于典型的"墙外开花墙内香",但是云南本地人对它的待见程度,却远不及牛肝菌、羊肚菌和鸡㙡。

深藏于地下的松露释放出芬芳的麝香,召唤动物来帮忙散播孢子。国内的黑松露成熟期是在 10 月,白松露的成熟期则是在 11 月底,但是一般 10 月就会上

市，这时候的白松露还没有成熟，切开后是白色的，到后期才会成熟并开始呈现纯黑色。

新鲜的黑松露散发出坚果香、菌香、麝香以及泥土味，切块后会露出大理石般的内部纹理，生食松软中带着韧劲。当它被盛进餐盘，在食材烹制的最后环节加入时，菜肴的余温会拉扯出其中的鲜，又适时收拢回菜品中。如果加入盐、胡椒等做成酱，黑松露的纤维感会有所减弱，独特的山野香气会更加突出，用来炒饭、焗饭或拌面皆可。相比意大利白松露浓郁沁脾的气味，国产白松露因为生长环境偏碱性，香气更为清淡，口感上也略带涩味。

即便沾满泥土、身处黑暗，却生机勃发。品尝松露时，吃的是山地丛林的原始味道，更是人世间的掌控感。

市场里的菌类香气各异，百香争辉，各擅胜场。比如鸡油菌，像是一朵微微开放的喇叭花，相比松露香气的咄咄逼人、气吞山河，这种带有些微杏香、奶油香的野生菌更像是空山新雨后的一抹氤氲。它的菌帽很薄，容易坏。

竞争 | 与落叶竞跑 |

松茸和羊肚菌，都是以植物的腐朽残骸维生的真菌，它们与落叶竞跑，跑赢的战利品就是能让它们快快长大的营养品。真菌在树丛枝丫之间，交织出一张密而不透的网，用来捕获落叶。它们生成的白色菌丝则分泌出强酸，溶解落叶中的纤维素。

在云南，吃菌子是有鄙视链的。吃鸡枞，"开花"的鸡枞菌伞只能用来炖汤或者做鸡枞油。吃菌锅，牛肝菌片要煮20分钟，不能和其他菌子滋味混杂，并对所谓的网红杂菌锅嗤之以鼻。吃羊肚菌，必须得是野生羊肚菌。

1|3
2|4 1. 和鸡油菌容易混淆的奶浆菌。
     2. 红菇。

　　羊肚菌的内部中空,菌伞呈蜂巢状。既可以粗犷地在铁锅里和鸡一起炖煮,也可以优雅地出现在米其林三星主厅的餐桌上。将鸡胸肉搅打成泥状,加入黑胡椒、小葱等调味,灌进羊肚菌。用本地山林野地散养的鸡,加入山泉水,再倒入提前泡发羊肚菌的水,微火炖到鸡肉几近脱骨,汤鲜回甜。随后以雷司令葡萄酒入馔,酒精在锅中和氧化物质产生作用,形成醛类,散发出类似杏仁、肉桂和香草的香气。再加入松茸、松露油,让这道料理更具醍醐之味。一碗雷司令羊肚菌汤,香气四溢,所有鲜味均被一举囊括。

　　每年的 7 月至 9 月,在地处青藏高原东南缘横断山脉三江纵谷区东部、海拔跨越 1500 米至 5000 多米的香格里拉,松树和栎树自然杂交林中,松茸被雨季的氤氲水汽唤醒,破土而出,只有山区里的藏民才能找到它们。此时山里的温度不足 10 摄氏度,藏民们穿着棉衣,凌晨三四点摸黑进山采摘松茸。每一朵松茸的采摘,都是一次缘分的使然,运气好的时候能摘到几斤,运气差的时候只能找到几朵。找到的松茸需要裹上高山野杜鹃的叶子,或者用苔藓垫着带下山,保持鲜度和水分。下山后立即进冷库预冷 4 小时,减缓菌子的

代谢,随后搭乘当晚的航班飞出大山。小中甸、普达措、吉迪村是香格里拉松茸的核心产区。高海拔让这里的松茸生长周期更为漫长,积蓄的营养物质也更加丰富,香气更为浓郁。

　　这里的人们习惯用南瓜叶来擦洗松茸,因为南瓜叶片表面分布着密密麻麻的小刺,正好可以充当天然的刷子。松茸丰腴多汁,水分比例高达80%~90%,在热力作用下会迅速流失水分,而甲壳质和其他不溶于水的细胞壁材质,则会让它保持风骨,所以切松茸时不需要切得很厚,否则水分会太多。其实,大部分菌子都可以采用干式慢煎的处理方式,让水分先蒸发殆尽,使其增加后期的甘香与干香。黑木耳、白木耳、金耳处理起来则大相径庭,云南的木耳是带有明显菌香的,它们都含有极多的可溶性碳水化合物,久煮会呈现一种凝胶状的软糯质地。

　　松茸的香气,清新又热烈。未开伞的松茸个头越大,积蓄的营养物质越丰富,也越稀有。7~9厘米的黄金身段,最适合做成刺身。取新鲜松茸,从尾部纵向切大片,也就是沿着菌伞和菌柄的方向切,佐

以山葵酱，滋味尤其鲜美。也可以用黄油或酥油慢煎，借动物油脂深入原味鲜甜之美，煎到表层焦香、中间爽脆即可。5~7厘米长的松茸可以用来和广式腊肠、稻花香大米一起焖煮，出锅前撒上小葱、白芝麻，做成香气四溢的松茸焖饭。又或者无论大小，自在随心，想怎么吃都可以。在云南蒙自的朋友家里，菌子季的时候，餐桌上常常是一筐松茸、一锅花米饭。对于采松茸的人和吃松茸的人来说，松茸一年一会，这短短一两个月，一定不可错过。

1 | 2 | 3

合作｜与蚁谋生｜

在菜市场里逛一遭，农学知识也跟着丰富起来了。比如，原来菌子的出产有"旺年"和"枯年"之分。雨水大的年份菌子旺，但是味道不怎么香。雨水小的年份菌子少，但是味道很香，价格自然也会因此水涨船高。而有些菌子，是和动物一起演化共生的。比如鸡枞，就是一种与蚂蚁共生的菌种，通常在野外的白蚁窝旁生长，有时也会从黄蚂蚁或黑蚂蚁的窝旁长出来几朵或一丛。白蚁窝里也时不时会有几只去串门的黑蚂蚁，朋友打趣说它们是来相互交流生产种植经验的。而蚂蚁的迁徙也会使得"安土重迁"的鸡枞"挪窝"。在云南本地朋友看来，如果山脚下的玉米地或南瓜田里突然冒出了一窝鸡枞，十有八九是因为山上的蚂蚁女王指挥工蚁搬了家。蚂蚁的分泌物为鸡枞菌丝的发育提供了养分，蚂蚁窝的松散通道结构又为菌丝的生长提供了具有良好排水性的"菌圃"。雨季来临，雨水渗入蚁巢周围的土壤，促进菌丝生长，而菌丝在生长时，又会分泌出含糖液体给蚂蚁提供食物，二者相辅相成。

云南人对鸡枞的偏爱之情溢于言表，在他们心目中，鸡枞通常是最安全、最美味的存在。鸡枞有黑皮、白皮、黄皮、红皮等许多类型，味道以黑皮鸡枞（又名"火把鸡枞"）最佳，红皮鸡枞则是既珍贵又好看。采摘后的鸡枞几乎每一刻都在衰败，因此赶鲜的人需要和不断流逝的时间争夺每一刻光阴。通常，采菌者会用吸水材料包覆鸡枞的表面，以免含水量相当

1	3
2	4
	5

高的菌子水分析出后打湿表面，从而助长腐败。虽然冷藏可以减缓菌子的代谢，但是吃菌还是要趁早啊！用水清洗会损伤表皮细胞，略微稀释风味，所以冲洗完就需要马上烹煮。清洗完也尽量不要上砧板，否则很容易吸附砧板上残余的食材异味。鸡枞的菌柄部分很长，可以直接用手沿着纹理撕成细条，让后续的味道层层浸入。

有一次，我和朋友攒了个饭局，正赶上保山的友人寄来新鲜的鸡枞，处理完后，我们就迎来了一锅黄铿铿、油亮亮的

汽锅鸡。在火焰和蒸汽的淬炼中，散发着拙朴气质的云南建水紫陶汽锅咻咻冒着白烟。密封性极强的陶锅中，鸡块均匀地排列着，以便让蒸汽接触到所有表面，将鸡肉蒸煮得香、滑、糯。蒸煮一个多小时后加入鸡枞，顿时，鸡肉的鲜香、鸡枞的鲜甜便在此处融汇，让空气中的每一个分子都欢欣跳跃起来。

同样安全系数很高的食用菌，还有会流出奶状乳白色液体的奶浆菌。据说这是世居德宏的景颇族人民非常喜爱的菌子之一。如果你在雨季时造访德宏的景颇山寨，也许会经常看见背着竹篓的景颇妇女上山去采菌子。她们采摘的主要是奶浆菌和青头菌。采到的菌子一部分拿到市场上进行交易，一部分留着自家吃。"春奶浆

菌"是景颇族在菌子季经常吃的一道菜。做法简单,先将香柳叶、荆芥、蒜、小米椒等配料舂到充分混合,然后再加入奶浆菌一起舂。香料的香和菌子的香在这道菜中互相杂糅,又互相衬托。

走累了的话,可以喝一碗菌汤。木水花市场里还有专门清洗、代切的阿姨。当你挑好菌子在菜市场里游荡时,她们会热情地上前招呼,询问要不要洗切处理。要是想把买好的菌子寄去哪里,放心吧,市场里提供了一条龙服务,这里的快递或许可以帮你把菌子送去四海八荒。

3. 青铜色的青头菌。
5. 黄色鸡油菌,另一个是奶浆菌。

中国人的菜市场 | 云南昆明：木水花野生菌菜市场

58

同居 | 丛"花"生树 |

还有一种特殊的真菌类食材,云南人称之为"树花",准确地说,是"地衣",一般长在针叶林的松树或水冬瓜树上。不过,并不是所有树花都可以吃,表面绿色、背面黑色的是不能吃的,茎是圆形的也是不能吃的,只有茎是扁的、背部颜色和正面一样、分支较多的才是可食用的。卖家和我说要先浸泡去除杂质,再沸水煮烫,然后加小苏打煮五六分钟后捞出,凉拌或炒着吃都可以。因为树花本身是苦涩的,用小苏打烫煮可以去除苦味。在一场"向野而生"的家宴里,去除的杂质可以留着先不要扔,用来装饰餐盘很有山野气,是一道"杂花生树"。

寄生在植物身上的,还有不怎么会出现在木水花的竹荪,这是寄生在竹子根部的一种隐花菌类。据说是因为太便宜了,才鲜少交易……竹荪的外表皮很薄,泡进水里可以快速吸收水分,但是水分流失起来也很快。可以做成椰子鸡竹荪汤,也可以拿来酿虾,放上炙烤后的芦笋,一口咬下去,绵、脆、甜。

竹荪的胚体——竹荪蛋,由梦荪、孢子、菌盖、外包被四部分组成,也可以食用。其中,梦荪又叫竹荪菇,是未出完的竹荪胚,呈乳白色、蘑菇状,入口清香;外包被和菌盖则呈乳白半透明网状,又叫竹荪花,入口脆香。腌渍五彩椒、泡嫩姜、花椒、大蒜、糟辣、竹荪蛋,酸辣中包裹着嫩与脆。

1 | 2　2.朋友生日宴上,我做了凉拌树花。

1 | 2
　 | 3

封藏 | 与时俱进，愈久弥鲜 |

人们在食物充沛的季节收获食物，然后借助发酵、腌渍、晾晒等方式度过食物相对匮乏的季节。市场里有新鲜野生菌，还有很多经过晾晒风干的干菌。一碗滇八珍干菌汤中必有野生鸡油菌打头阵，野生松茸、羊肚菌左右围合，野生白牛肝、织金竹荪、黑皮鸡枞、鹿茸菌和野生香菇则负责阐述其中一丝一缕的鲜。

如果我说香菇是所有亲民的菌子里香气最为馥郁的，应该没人会投反对票吧？经过干燥处理的野生干香菇，氨基酸和糖类产生褐变，鸟苷单磷酸大大增加，让其风味更为浓郁。一道干香菇炖鸡，在谷氨酸盐和鸟苷单磷酸的协同作用下，兼得甘美与浓郁。

菜市场里还有可以炸鸡枞油、牛肝菌油、松茸油的门店，让这些菌子可以用油浸方式存在，抵过漫长岁月。比如油浸鸡枞，大多采用火把鸡枞搭配丘北的辣椒，先用菜籽油小火慢煎至焦棕色，之后倒入

冷油，以油锁鲜，将扩散的氨基酸封藏。对于讲究一点的云南人来说，菜籽油也要自带心中认可的，首选云南罗平纯正菜籽油。如果你看到有大妈大爷一手提着一大桶菜籽油，另一手提着一篮菌子，在一家不起眼的小门店面前排长队等待，不用大惊小怪，他们只是在等着炸菌子油而已，这是本地老主顾的隐藏买法。回家想吃的时候，或拌饭，或拌面，或搭配面包，万般皆宜。

整个水木花菜市场犹如一碗杂菌汤，八鲜四溢，往来奔走，去而复返于舌尖。

而生活在这里的人们，随着四季调整生活的节奏，与大自然的韵律保持一致。

和每一颗野生菌子一样，他们用自己的方式，度过自己的季节。

新的一年，人与万物都有了新的节奏，而时节恒长，人间求索依然，不舍昼夜。

03

云南蒙自：海边寨花鸟市场

走，赶花 GĀI（街）KÈ（去）！

1|2

海边寨花鸟市场
走，赶花 GĀI（街）KÈ（去）！

  在昆明大快朵颐了吃着花椒叶长大的走地羊之后，我们一行人到了距离昆明130多公里的红河州（全称红河哈尼族彝族自治州）弥勒市。第一天我便在这里尝尽了生活的苦，头顶烈日，牵着"巴顿"和"小苹果"，一人两狗徒步1小时才抵达当地"网红"景点东方韵广场里面的酒店。好在第二天，我们在弥勒的太平湖森林木屋里住下了。上午顺道从附近的东风农场买了茴香、猪肉和积雪草（当地惯常叫"马蹄草"，因为它的叶片形似马蹄），下午趁着风和日丽包起了茴香猪肉饺子。伞形科草本植物茴香切得细碎，加入猪肉、少量生抽、盐调味后做馅。茴香自带的挥发性物质反式茴香脑带来的独特芳香在指尖游走，而它那达食用糖13倍的甜，又将丰腴的油脂收拢在了馅料里。我们的帐篷周边种满了各种草本植物，有迷迭香、鼠尾草、薄荷……鸟儿从眼前成群飞过，飞到远处的村庄、山头、甘蔗林

1	3
2	4

里。第二天的早饭是酒店里的一碗弥勒卤鸡米线，加入当地特色卤鸡、炸得酥脆的酥肉、酸甜可口的酸萝卜丁，让人舍不得停嘴。但是，其实我第一次听说的云南米线是过桥米线，来自同属红河州的蒙自。

蒙自过桥米线 |

在蒙自热心市民小春的心目中，一碗好吃的蒙自过桥米线里面的生鱼片、生里脊肉片要切得越薄越好。草芽、豌豆尖、韭菜、菌子是紧随时令的风物，需要用猪筒子骨或肥鸡熬制的高汤从高处氽烫。鲜味分子碰撞交融，营造出引人入胜的味觉和嗅觉的重峦叠嶂。除此之外，这一碗细长、洁白、有韧性的米线，还要靠本地的几种特别食材来标定特殊地域风味，让喜好这一口的人去而复还，甘心追随。比如豌豆泥，最早用来提鲜增稠，当地也称它为"土味精"。又比如蒙自的市花菊花，据说最好是用叫作"狮子头"的品种。一碗蒙自的过桥米线，在一瓣菊花的映衬下，多了一份清新，鲜与香也变得有层次起来。

而小春的镜头也事无巨细地记录着他在这片处于滇东高原和哀牢山之间的土地上攀越山林、跨过河谷，在城市、高地之间游荡的生活碎片。红河与珠江两大水系在此交汇，北回归线穿越而过，那些繁复而有质感、令人愉悦而充实的大量细节，那些有别于寻常饮食趣味和审美的多元风土，那些存在了几千年的乡街子里的地方性知识，跟随他的镜头，如潺潺细流，辗转而来。让我们在汹涌如大江的年代中，在日趋雷同的日常生活里，追根溯源，辨认彼此。

中国人的菜市场―云南蒙自：海边寨花鸟市场

1|2

走，赶花 GĀI（街）KÈ（去）！

作为一名"乡遛子"，小春每周日会逛的乡街子是蒙自本地一个很有意思的市集——海边寨花鸟市集。最早，这里是一个花鸟市集，慢慢地，附近跨境而居的少数民族，如哈尼族、彝族、壮族、回族、苗族，会背一些山货过来，比如，自家种的新鲜蔬菜、和脸一样大的鸡枞花、山上挖的各种稀奇古怪的野生草本植物，大家在这里进行着交换和贸易。通常，海拔高度会影响一个地区的温度和降水，从而影响这个地区的地表植被和动物的分布。而在这里，海拔高度差缩小了，风物边界由此模糊。存在了几千年的非标准、无体系少数民族山地饮食习惯，与铺天盖地涌入的地方性多元风土，让这里的街市在野性无状中又透露出丰富蓬勃的交融感和自由舒展的生命力。来这里赶集，本地人经常会说："走，赶花 GĀI（街）KÈ（去）！"

3. 开花的红蓝草。

街子里不仅有花鸟,还有和鲜花、少数民族服饰一样多彩的用各种草本植物染色的花米饭。比如用爵床科的红蓝草染成的红,散发木质般干土香气的姜科的姜黄带来的黄……每个周日,来自屏边四寨卖花米饭的大姐都会如约而至。屏边是红河州较为偏远的一座山城,大姐的木甑子里的花米饭,选用本地种植的糯米,渲染着大自然中的各种色彩。简单配以白糖或腐乳,咬上一口,每一种草本植物的香气跃然于舌尖,让不经意闯入这个陌生世界的人有机会在日趋雷同的日常生活里,利用植物特殊的芳香气味和颜色来标定自己喜好的地域风味,从而拥抱更丰富的人生。

红蓝草又称"观音草",爵床科观音草属,别名"染色九头狮子草",但其实真正的九头狮子草并不能染色。叶片清洗干净之后捣碎,花青素所在的细胞液泡酸性环境让溶出的染液呈现出红色;放入水中加热,酸碱值发生变化,又变化为浩渺的紫罗兰色;也许是源于某一次无意中的发现,在自然中建立广泛认知的当地人将

1 | 2 | 4
3 | 5

草木灰加入其中协同发力,在碱性环境中克莱因蓝色又得以彰显。至此,这种植物染料参破人间颜色中的各种玄机,翻红覆蓝,收获了一个十分具象的名字——红蓝草。广西宜州德胜镇人喜欢用它加上大米、糯米,酿制红兰酒。作为台山粽的灵魂,红蓝草又被本地人称作"红榄",药名"红丝线"。它既是天然的染色剂,又有清肺止咳的药效,解腻之余带有一股特殊芳香。它与各个地方的文化和民俗紧密相连时,只用一抹颜色,便可完成风味的传递。

1. 可以染出黄色的姜黄。
5. 市场上的密蒙花。

  常被用来染黄色米的还有玄参科醉鱼草属的灌木，密蒙花。文山坡芽村，是壮族最早孕育稻作文化的地方，在壮语里，"坡芽"的意思是"开满密蒙花的山坡"，其中"芽"指的就是密蒙花。正月前，趁着密蒙花还未盛开时，人们便开始采摘晾花。等到惊蛰前后，农历三月初三，正值壮族的陇端节，便可用晾干的密蒙花染制花米饭了。10克左右的密蒙花，加800毫升的水，煮15分钟左右。烹煮的过程中，淡黄色的色素流出，随着煮液碱性提高，颜色越来越深。过滤后染液冷却到40摄

1	2	3
		4	5

3. 灰粽，也叫马脚杆粽子。用柊叶包裹，内核硬气。最外一层是以草木灰染色的糯米，先色夺人，别具一格，但又口感软糯。据说草木灰有助消化的功能，正适合搭配不易消化的糯米。有的灰粽中间也会搭配煮软的豌豆粉和白糯米。豌豆粉的绵软和糯米的香糯，配上中间夹着的一层瘦腊肉，咬上一口，唇齿留香。

氏度左右，就可以放 1 斤左右糯米进去浸泡。蒸一锅黄米饭，明目的金黄透亮中浅带花香，让人忍不住想挑出这细碎的金色瞬间。加上红糖芝麻核桃的馅，就是临沧永德的团子粑粑。也可以在中间夹入盐酸菜、一大片五花肉、腌鱼，就成了人间绝对值得的云贵川之味！

对于碳水爱好者来说，街子里的糯米和米有食物的几乎所有形态，只有保持好奇心和好胃口，才不会错过点儿什么。色泽红润靓丽的蒙自年糕、屏边壮族的传统马脚杆粽子、蘸水里放了香椿油和木姜子油的卷粉、河口大粽子，还有用米粉、面粉等加盐和其他佐料搅拌、腌制、切碎制成的各种鲊，比如茄子鲊、豇豆鲊、骨头鲊……

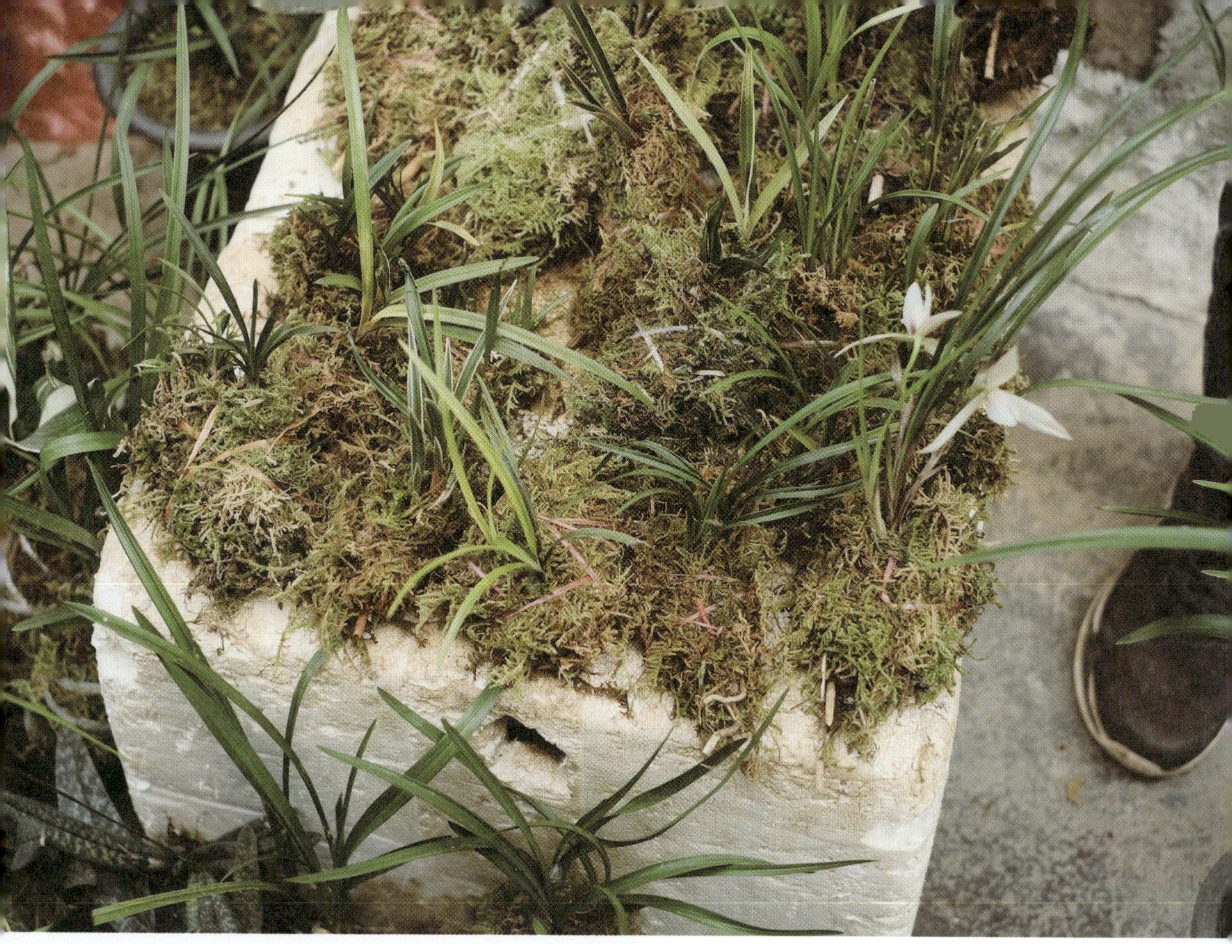

1	3	5
2	4	6

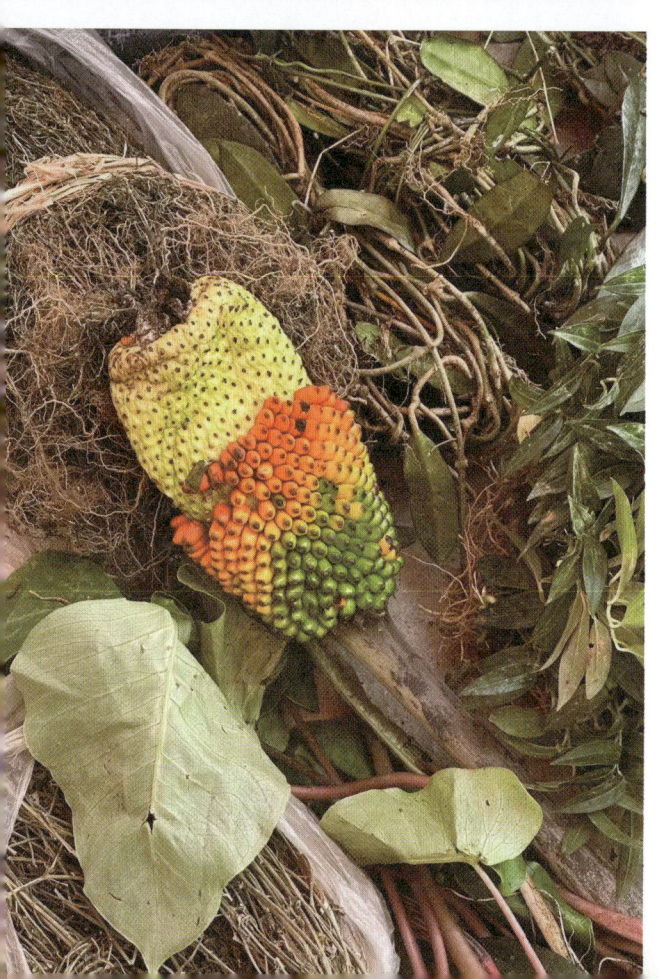

6.魔芋或者某种天南星科植物的果实，开完花后，就会结种子，变成这样。

当地人也会把自家种的新鲜蔬菜拿过来卖，不过没有篆新菜市场里摆得那么整齐划一。就和这里的人一样，没有考究的外表。有时候，蔬菜、水果和树根之类就堆放在一起，比如木瓜配葛根。同一个摊子每次摆放的品种也是出其不意、不受控制的。有时是一两朵棕苞、芭蕉花，有时是没有加工的烟叶和切好的烟丝，有时可能是刚拔出来的还沾着土的小菜苗、花苗，有时还有山上摘的野浆果。在这里，是先有了这些自然界植物，才有了这些摊子。四季、自然、风物之无尽藏，在这里伴随着人类的脚步潜行其间。

2. 棕榈的序和花序鞘。
4. 密花远志的花，和它的亲戚荷包山桂花都被叫作"小鸡花"。

中国人的菜市场―云南蒙自：海边寨花鸟市场

1|2|3   1. 小鹿是成对卖的。

3. 鸡血藤。市场里有些形似的是常见的葛根，葛根多半是生的，也有煮熟了切片卖的，5块钱一两。

中国人的菜市场 云南蒙自：海边寨花鸟市场

　　这里有着看似怪诞、野性的饮食趣味。在人类漫长的历史进程中，这种饮食趣味在很多地方或许已经消失，但是在这里却被保留、沉淀，传统的地方生活方式也被延续至今。比如，用松明子引火照明、售卖成对的鹿、现场切割野生葛根、出售雄蜂蛹，以及将虫子端上餐桌……我们透过这些生活方式凝视四季、历史和现在，或许能依稀追溯到人类最初狩猎与采集时的模样。他们曾以此与这个残

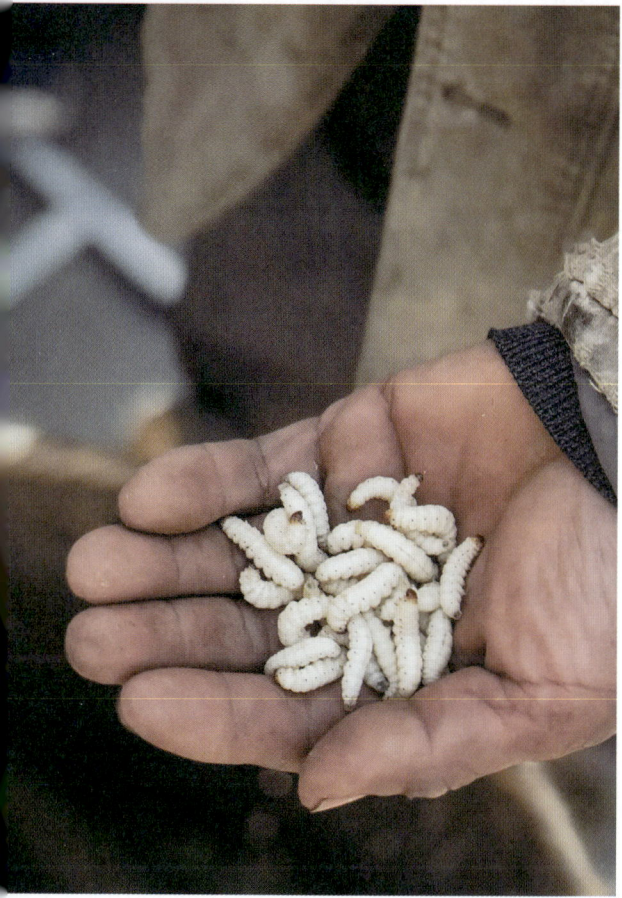

1 | 2
3 | 4

酷世界搏斗过，也曾不辞辛劳地用双手将
此间风物留下。然后在这些经历里找到了
自我，迸发出强大的力量，培养出开阔的
胸襟。

乡街子里的小型地方草本植物博物馆 |

在这个满是神奇的风物的市集里，你不能依赖任何过往的经验，只能用自己的眼睛、耳朵、舌头、双手去观察、感受和实践。刚开始，你可能会产生一股无措感，但是很快，你就会被这里某一片集中展览的稀奇古怪的野生草本植物所吸引，其中很多药食同源，但这些自然界生长起来的植物的药性多半会随着季节而变化。在不同的季节采摘，会产生不同的药效。不过，与其说是药效，倒不如说是当地人的食补方法。一头扎进市集，就像是进了一座小型地方草本植物博物馆！

有些植物是已经较为常见、散去野性的，比如兰科草本植物石斛、白及。有些植物会在厨房里偶露峥嵘，比如姜目姜科多年生草本植物草果芽，就是卤料包中常见的草果的嫩芽，可以像拌鱼腥草一样加上酱油、小米辣等切丝凉拌，或者素炒，取其植物清香，也可以与腊肉联手造就独特风味，或者煮水入药。街子里的可以吃芽的植物还有五加科多年生草本植物三七。云南最有名的三七不在蒙自，而

1	2	3
—	—	—
		4
		5

是在距离蒙自1个多小时车程的文山，鼎鼎有名的文山三七粉就出自这里。早上赶集，买三七的根、果、茎、叶、花回去，可以做出三七汽锅鸡、三七粉蒸鸡蛋，三七芽炒肉筋等菜。另外，同属姜目的芭蕉科的地涌金莲（别名"地莲花"）也是当地常见的吃芽植物。在其他区域作为观赏植物的它来到这里后摇身一变，花朵、茎、根竟然都可以吃了。花朵可以切碎，搭配腌酸菜和鸡蛋热炒。富含淀粉和碳水化合物的根部则可以掰开剔筋，预处

中国人的菜市场―云南蒙自：海边寨花鸟市场

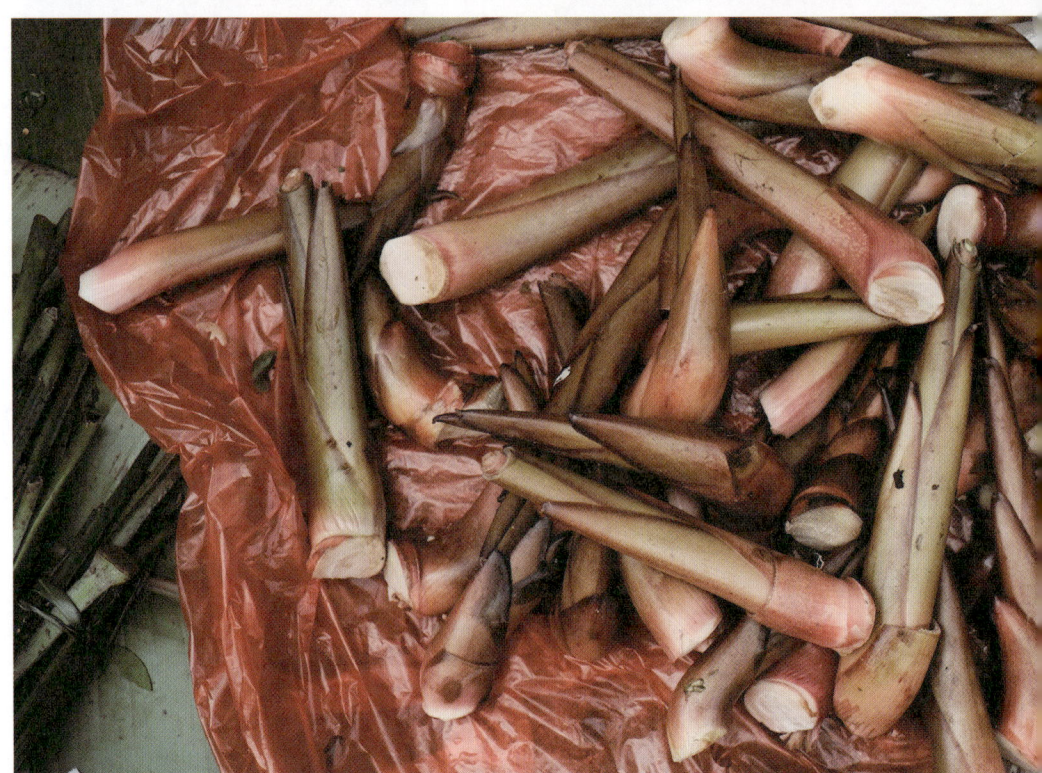

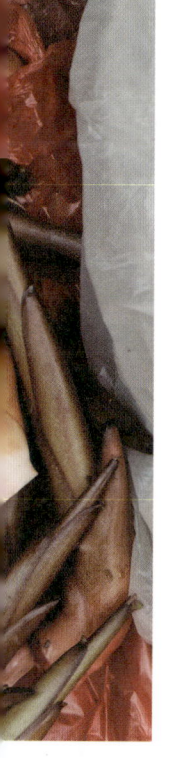

1. 新鲜草果。
2. 草果芽。

理后加水与肉小火慢煮。粗大的纤维变得松软，充满孔隙的结构让其更容易汲取肉香，储存汁水。肉香和地涌金莲的清香彼此渗透，双向奔赴。

很多时候，这些草本植物伴随四季而来，是配合季节的养生食疗方式，提醒人们在正确的时间吃该吃的食物。

中国人的菜市场—云南蒙自：海边寨花鸟市场

市集里更多的是野性难驯、仿若天外来客的野生草本植物。即使绞尽脑汁，你也搞不明白它到底是什么，就连当地人也说不清楚，完全没有任何规则可言。比如我曾经拿着摊档上的野生草本植物照片询问身边的植物学家和中医朋友。有一个人告诉我这或许是滇龙胆草，又或者是头花龙胆。有的人只能大致猜测出是铁线莲属的，还有的人完全猜不出。人类的常规知识储备在这里被完全碾压、颠覆，对自然的无限想象和认知只能依赖你自己去更真切、更具体地探索。

在人类漫长的、充满艰辛的采收草本植物的旅途中，这些植物不动声色。尝尽这些植物味道的本地人将自己置身于风险之中，形成深刻、自由的自我意识，并在长期的风险评估后，与植物建立起独属这一方土地的共生关系，成为宛如朋友、亲人的存在。

如果你来到这里，或许也会被这里的

1 | 2 | 3 | 4

心灵之自由，胸襟之开阔所感染。在寻找最适合自己的生活方式时，以这些草本植物为线索，标定地域风味。与此同时，以开放的心态广泛认知，勤勉练习。

世界上是先有了这些草本植物，才有了人类的。

在无尽漫长的自然中，人的一生无比短暂，而正是这一切的相互融合构成了世间天地。

走，赶花 GĀI（街）KÈ（去）！

04

云南保山：保山菜市场

菜市场里的远山与森林

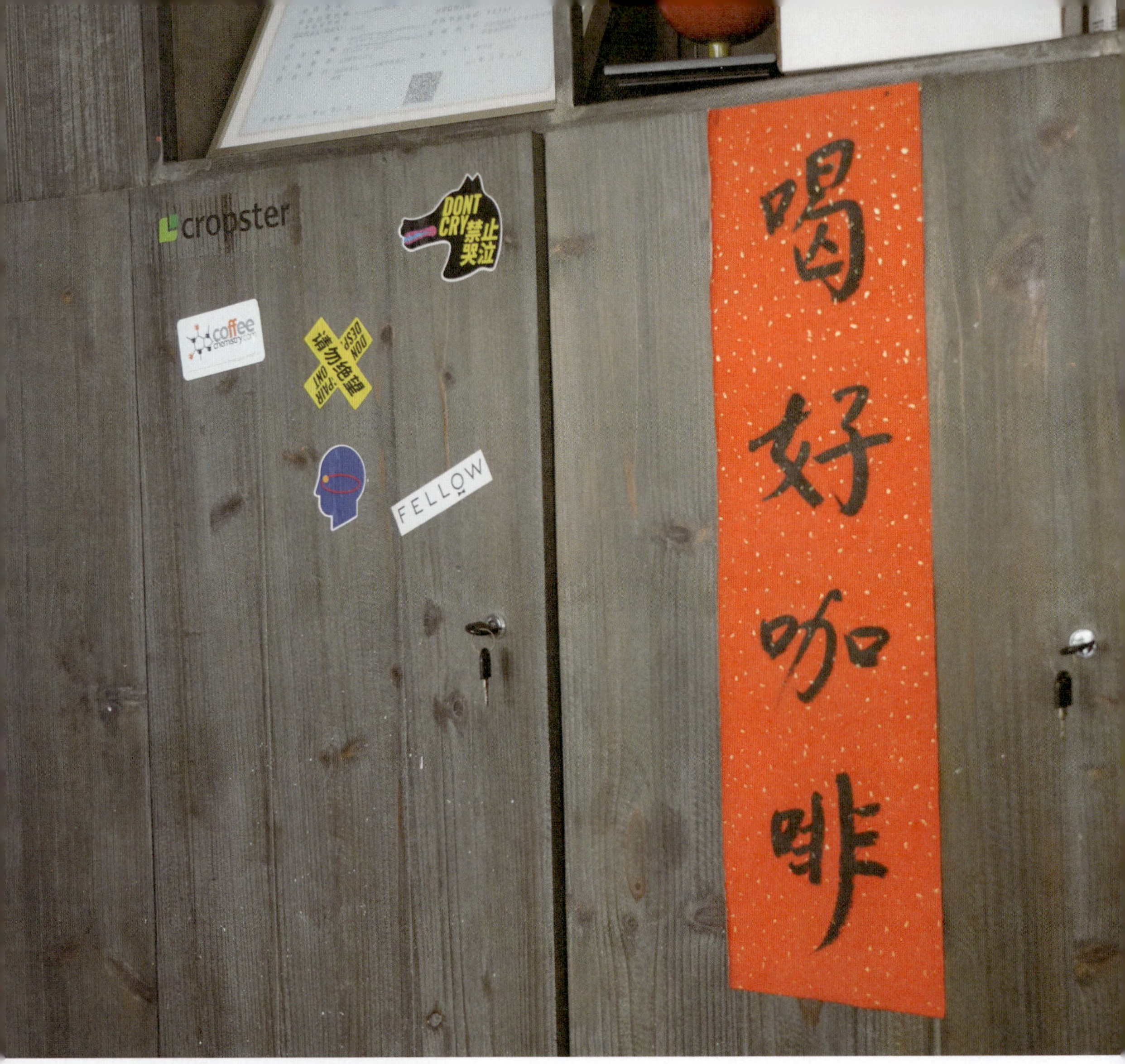
cropster
coffee chemistry.com
DONT CRY 禁止哭泣
请勿绝望
FELLOW
喝好咖啡

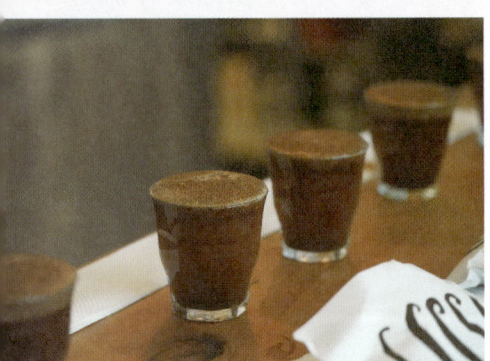

1
2

保山菜市场
菜市场里的远山与森林

疫情期间学到了一个新名词,叫"小咖啡人儿"。一枚咖啡豆,以储藏着蛋白质、油脂和碳水化合物的种子形态,用来自"远山与森林的味道",迅速果断地征服了人类。这枚咖啡豆也许就来自被黑河—腾冲线(也叫"胡焕庸线")一分为二、高黎贡山和怒山山脉绵亘的地方——"滇西的粮仓"保山。我第一次听说保山,是因为保山菜市场里的一颗树番茄。我的朋友风筝第一次抵达这里的时候,有曾经和她一起学习花艺的友人开着皮卡车来接机。保山的机场建在山顶,出了机场便是下山的盘山公路,四周是茫茫的绿色,白云近在咫尺,仿若从头顶飘过,印象最深的是远山与森林里的静寂、深阔。

菜市场里的树番茄

风筝第一次来到保山凤尾村的时候，正近黄昏。在村边小路闲逛时，她发现村里老建筑的材料多是取自大自然，比如木制房屋大多用附近山林里的树木打造，墙壁也是用周边密密矗立的火山上的火山石砌成。路边的飞蛾藤洁白轻盈，非常适合插花。这里家家户户都有一个小菜园，里面种着树番茄、小雀瓜、茴香。长在高达3米的树上的树番茄，与我们平时吃的番茄外形有点儿像，属于茄科树番茄属植物，但是果皮质地比普通番茄更为坚硬。作为更年性果实，树番茄在肉质坚硬时便可摘下，然后等待自然熟成。

菜市场里的树番茄，在阳光的映照下披上了金黄色的余晖，让人想起村里青瓦屋顶上冒出的半缕炊烟和斜阳下的远山。树番茄自带明亮的酸，俏皮又清爽，可以直接当水果吃，也可以烤制作为蘸料食用。可以作为一道仙人掌甜点里的点睛之

1. 已经成熟的树番茄。

笔,也可以作为树番茄煮鱼里的基底。菜市场里还有各种酸物,比如木瓜醋、酸笋,又比如顺江火烧肉米线里让人口舌生津的"喃咪"[1]。

---

[1] 傣语,意为"酱料",类似云南的"蘸水"。

中国人的菜市场—云南保山：保山菜市场

1	4
2	5
3	

1. 菜园子里的小雀瓜，葫芦科一年生攀缘草本植物，其嫩苗和果实都可以吃。种子可以网购，20颗大概12块。
2. 开放的茴香花。这种花西餐厅用得比较多，价格不便宜。
3. 小雀瓜清炒或炒肉片都可以。
4. 树番茄表面暗红色，肉厚，在常温下也可以放很久。
5. 从菜市场到我的餐桌的酸木瓜和树番茄。

中国人的菜市场—云南保山：保山菜市场

1	3	5
2	4	6

1. 树番茄可以用烤箱烘烤。
2. 菜市场里的刺芫荽。
3. 加入香柳叶、刺芫荽、小米椒等舂制成的树番茄酱。
4. 树番茄折耳根蘸水。
5. 也可以加入一点自己腌制的五彩小辣椒。

在炭火的持续炙烤下，树番茄的表皮逐渐开裂，果实中的甘味谷氨酸开始释放。将烤好的树番茄放进木臼舂桶里，加入烘烤后会散发坚果般清甜之味的蒜子、去皮的小米椒、芳香的茴香籽和香椿籽、刺芫荽、香柳叶等。千锤百舂，让味道充分融合。树番茄也可以用寻常的番茄来替代，殊途同归。与加入元阳红米制成的红米线，以及施甸县布朗族用来闯天下的火烧肉汇聚成盘，便成了一碗火烧肉米线。用树番茄或番茄做成的"喃咪"，既是诱敌深入的蘸水，也是与米线并肩作战、充当主攻的"帽子"（即"浇头"）。店里的舂鸡爪也很好吃。

中国人的菜市场 — 云南保山：保山菜市场

1	4
2	3	5

1. 木质的舂桶。

109

保山人爱吃猪肉,吃得无畏又不拘一格。每年,制作"年猪饭"都是生活在山谷中的施甸县布朗族人的头等大事。过年时,村子里家家户户都会杀猪,大家也开始串着门吃年猪饭。吃年猪饭时必出场的,还有莴笋丝凉拌火烧皮,用猪筒骨、树番茄、青菜炖煮的酸粑菜,以及豌豆炒肉。再生猛一点的还有"红生"(用腌制的生里脊肉加香菜和辣椒等制成)、吹肝(猪肝做成的特色美食)、豆腐香肠(原料有豆腐、猪血、猪肉等)。烤肉的时候,一定要搭配本地的腌菜膏。高温产生的美拉德反应让肉香被唤醒,而与之搭配的腌菜膏则增添了一股醇厚悠长、麻辣酸香的乡野之味。不管是做骨头鲊、腌火腿,还是豆腐香肠,都一定要加入花椒粉、草果粉和盐。用盐、草果粉和花椒粉腌渍肉类可以去腥,花椒粉中的挥发油和生物碱在增添清新的柑橘香和木质香气的同时,还能延缓微生物的生长。在施甸,吃完这顿年猪饭才算真正过完年,可以定定心等来年了。

还有茶马古道马帮的人发明的大薄片，就是将煮好的猪耳朵、猪舌、猪头肉切成大如手掌的薄片，下面用豆粉垫底，吃起来脆且香，最主要是管饱。能果腹，就是当年风餐露宿的马帮人的美食终极信仰。行走在保山的村里，时不时会碰上赶着马运货的村民，一条路，一匹马，一个人，让人想起这里从前商贾云集时的马蹄声与铃声。

1│2　2. 如果你行走在保山的村中，经常会遇见赶着马运货的村民。质朴的村民看见镜头，微笑着打招呼。

保山人也爱吃牛肉。比如在昆明大街上经常能看见的"铜瓢牛肉",就是来自保山,其实它的原名应该是"火瓢牛肉"。

在作为傣族文化发源地的保山,当地人的早餐通常是从一碗傣味"撒撇"开始。在傣语里,"撒"是凉拌肉食的一种做法,"撇"指的是苦肠。在这个气候炎热的地区,撒撇是清暑降热的"神器",此外还有牛撒撇、柠檬撒、油辣子撒、鱼撒、西番莲撒……将牛胃与牛小肠中未完全消化的内容物取出,挤出其中汁液,煮沸后过滤。随后将新鲜的牛里脊肉反复斩剁成肉泥,加入过滤后的汁液,共同翻舞。再加入小米椒、花椒面、花生末、韭菜、茴香、香柳叶和刺芫荽,苦与香兼具的牛撒撇就制成了。也可以挤一点青柠

檬汁，去腥提鲜。当然，上桌前还有最后一道工序，那就是配上撒撇的专属搭档——牛肉干巴。将当地吃着芬芳青草的膘肥体健的黄牛的脊肉，佐以多种天然香料，经木炭烟熏及木槌的击打，直至肉质松软，撕成细丝。可搭配的还有炸到焦香酥脆的猪皮或牛皮。其中的苦味、辣味让人有如醍醐灌顶。外地人想尝尝的话，推荐从相对清新的柠檬撒开始。我曾经尝试过用鱼露来浸泡小米辣和姜蒜，再用柠檬汁把酸度提高到足可生津的地步。要点是一定要加刺芫荽和香柳叶，再撒一层舂碎的麻欠，那就是辛辣酸香的另一种演绎了。当然也可以加一点当地赫赫有名的、据说加入特殊药材做成的下村醋。

1 | 3
2 | 4
  | 5

经常和下村醋一同出场的，还有下村的凉拌豆粉。菜市场里每天有当地人做好的新鲜豌豆粉块，可以切成薄片，加上火烧肉、花生碎、花椒油、酱油、芝麻油、辣椒油等拌匀，最后一定要加上点睛的酸甜下村醋。保山的豆粉吃法不胜枚举，还有炸豆粉和热乎乎的稀豆粉，稀豆粉很像河南永城的豆粥。作为曾经的西南边陲重镇，这里曾经有大批原籍山西、陕西、湖南、四川等地的军民多次迁入，屯田戍边。他们与当地傣族、佤族等少数民族同生共息，繁衍至今。这也使得保山在逐渐形成自己独特的文化同时，保留着些许有着"中原印记"的特色美食，其中就有声名在外的稀豆粉。正宗的稀豆粉必须用豌豆磨浆熬制，不能有一丝偷奸耍滑。泡豌豆的时候可以放一点八角、花椒，增加风味层次。稀豆粉一般不单吃，而是拌入米线、卷粉，或把烧饵块撕成小块泡进去一起食用。这里产的米，也是洁白细腻、饱满晶莹，是饵块的最佳原料，做出的饵块软糯中带着一丝韧性。

115

环绕这里的群山云蒸霞蔚、满目苍翠，高黎贡山更是一山分四季，十里不同天。保山地区复杂的地形与多样的民族文化也让这里的各种特色小吃层出不穷。"大救驾"、玉米粑粑、干栏片、炒面渣、腾冲饵丝、叠水河卷粉、蒲缥大饼、烧粑粑……朋友们，一定要来保山吃小吃啊！

中国人的菜市场——云南保山：保山菜市场

咖啡还是茶？我都要！

吃完小吃，也可以来海拔 1700 米的凤仪寺住几天。在以汉文化为主并传承至今的保山，不少古村落中都分布着祠堂、庙宇。在这里，可以喝一杯用山泉水泡的茶，那是春天师傅带领徒弟们亲手种植、制作的。僧人们在劳作中忘记了时间，忘记了处所，制出的红茶口感很好，古朴中透着清亮。

这里还有当地最负盛名的咖啡——云南小粒咖啡。喝咖啡还是茶？成年人不做选择，我都要！云南的小粒咖啡，用的是云南种植的阿拉比卡品种咖啡豆。树种来自埃塞俄比亚和苏丹的高冷地带。云南小粒咖啡风味复杂又饱含油脂和糖分。而卡蒂莫是当地种植的主流咖啡品种，带有四分之一的罗布斯塔（原产于西非湿热地区，树形高大）血统。因为抗病性好、产量大，20 世纪 80 年代被雀巢公司带到云南推广种植。合适的纬度、海拔、日照让保山成为种植小粒咖啡的黄金地带之一。有人说这里有古老的铁皮卡，有适合做 SOE（Single Origin Espresso，单一产地意式浓缩咖啡）的卡蒂莫，还有适合做手冲精品的黄波旁，不仅有远山树林，还有岸边茶叶香气和热带水果风味。

在保山，许多古老的饮食习俗和其他传统还在这里静默延续。抿上一口高黎贡山的古树茶，看着和它一样富含咖啡因基因的咖啡豆走过当年茶马古道上先民历经的路，翻山越岭，散发出蓬勃的生命力。当始于新绿的茶和源于一颗种子的咖啡在远山与森林里和鸣共奏，便成就了一方风土。

2
1 3

1. 获得 2021 年世界咖啡师大赛中国区选拔赛（CBC）的冠军咖啡豆，就出自云南。这种经厌氧日晒处理的豆子，人们对其风味的描述是巧克力奶昔、波罗蜜味和淡淡的朗姆酒尾韵。

3. 据悉，南、北纬 22°~25° 的地带，是种小粒种咖啡的"黄金带"。在这两个"黄金带"上，分布有全球咖啡产量最高的"咖啡大国"巴西、咖啡收获面积排名世界第 6 的墨西哥、世界上最先种植咖啡的国家之一的也门，以及中国云南的普洱、保山和德宏。

菜市场里的远山与森林 |

　　高黎贡山与怒山山脉纵贯保山全市，山区面积占全市面积的 91.79%，于是保山民众便"靠山吃山"。在当地的菜市场就能得见"远山与森林"，比如蔺大妈家的松花糕。每年 4 月是松花粉成熟的时节，将收集的松花粉与面粉、蜂蜜、葡萄糖充分搅拌糅合，然后运用传统的制糕工艺进行挤压、切块，松花糕就做成了。松花粉是松树花雄蕊产生的花粉，体积是芝麻的 1/166，每年只有 10 天左右的可收集时间。嫩绿且绒毛较长的花是没有成熟的花苞，水分比较多。黄褐色的花蓬松绽开，花粉较多，比较适合采摘。松花粉有微香，闻起来和松针差不多。100 斤松花筛下来的花粉只有 9 两左右。春风起，松花开，便有了松花粉制成的松花糕，人类的浪漫都在这儿了。散落的花粉随着风势四处飘散，人们付出努力和耐心，把它们的味道留下。

在菜市场里被妥善保管的还有松子。将从大山深处摘的松果放到炭火上烘烤后取出松子。将烤过的松子加入经焯水处理的罗勒叶及橄榄油等食材中一起搅打，含有丰富油脂的松子带来了细致的乳脂口感，和罗勒叶且清且甜的气质一拍即合，便成了气质清新又撩人心神的罗勒青酱，又纯又欲。

菜市场里也可能有一摊山核桃在卖。如果你走在山路上,遇到一个在捡山核桃的大姐,她极可能会慷慨地 KAO(敲)一个核桃给你。

还有我们经常吃到的皂角米,即皂荚的果实。云南老品种的皂角多为薄皮单荚,皂角米比较白。季节一到,菜市场的摊位上、村子里都在剥皂角米。这是个吃力不讨好的活儿,两麻袋皂角剥完只有一小袋米。皂角米剥出后得先由阳光暴晒,让水分蒸发殆尽,才能保存下来。食用前得先经过几个小时的泡发,让皂角米吸饱水分,变得晶莹剔透。即使树干布满尖刺,即使剥皂角米的投入产出比如此之低,也丝毫不影响每年中秋前后村子里打皂角的沙沙作响声。而皂角回馈给人类的也不止美味:皂角刺可以消肿排脓,果实可以做肥皂,树干更是上乘的家具木料。

1.腾冲银杏村有古银杏树 3000 余株,树龄在 500 年以上的有 50 余株,每年 11 月到 12 月是去观赏银杏的最佳季节。

保山有栽于明朝的银杏。有老人在凤仪寺里过生日,师傅准备了一桌丰盛的斋饭:腰果炖百合,核桃仁、蘑菇搭配蒲公英油炸,蒸南瓜子,素鸡土豆烧板栗,银杏果炒胡萝卜。其中的银杏果,正是取于这棵古银杏树。每年秋天,银杏村里的银杏果都会随风而落。去掉黄色的果皮,就能看到白色的果核,俗称白果。师傅的一盘银杏果炒胡萝卜里,既有白果的微苦,又有胡萝卜天然的香甜,先有淡淡的苦味,然后清香回甜。

咖啡树种下第四年才开始结果,之后起码要观察三代的性状稳定性,因此验证一个新品种是否适合本土环境,至少需要 12 年。

皂荚树的生长周期十分漫长,往往种下十几年才有所收获。

高黎贡山的银杏果,每年秋天都会像候鸟一样如期而至。

据说松花粉成熟时,会将数以百万计的花粉抖落在空气中。而森林里有的鸟知道如何打开松果,取出松子,当它们把这些种子带到远山之外,便成了一棵棵绿叶蓁蓁的松树。

所有的种子都值得等待,等待一个华盖参天的未来。

05

云南西双版纳:"热带雨林"菜市场

跟着植物爱好者去"赶摆"

中国人的菜市场 云南西双版纳：热带雨林·菜市场

"热带雨林"菜市场
跟着植物爱好者去"赶摆"

第一次和柏淼见面,是在武汉太子湖畔的五境花园餐厅。他是这家花园餐厅的园艺负责人,同时也是"塔莎园艺"公众号的专栏作者、"绿手指园艺"代言人、微博知名园艺博主。在夏季的烈日下,仰头后首先看到的是门口巨大、婆娑的黄色曼陀罗和春羽,一束阳光钻过其中,仿佛穿过密林;一片矾根立体绿化墙里,枝叶层叠遮覆;开满黑心金光菊的小径,由朱顶红、角堇、松果菊、铁线莲、蓖麻构成的路边花境,都是柏淼给这座餐厅建造的蓬勃花园的组成部分。

1 | 1.4平方米的小阳台里,大概容纳了200多盆植物。

而在柏淼小红书的花园记录中,在他4平方米的小阳台里,他也给自己一点一点地建构了一个生机盎然的植物世界。"阳台彻底进入春天了,旧的植物凋谢,新的植物盛开,四季尽在这方寸之间。"甜美如阿尔卑斯草莓味奶糖一般的双色酢浆草、早春的第一朵橙飞燕、重瓣仙客来"皮克精灵"、两年前从长沙带回来的大舌头蝴蝶兰"云朵"、小唐姐姐送的马蹄莲"冰雪女王"、在花市花10块钱买下的球根海棠、盛开的堇兰、"变满天红"、"喜炮凤梨"、在兰科必备清单中占得一席的"红火鸟"石斛……有时候他觉得自己仿佛往返于两个完全不同的世界——在植物世界里,生活河流之上的浮冰融化了;而在现实的人世间,夹杂着琐碎庸常繁杂。

每个假期,柏淼都会出门看花。夏天,他追着花期,来到西双版纳。在这个位于云南省最南端、靠近赤道的地方,孕育着另一种生态系统——热带雨林。而要想打破时空和宏观、微观的折叠,踏入这个千百万年来万物共生的野性、自由的世界,或许可以从一处菜市场开始。在西双版纳,赶集的傣语叫"赶摆"。跟着柏淼去赶摆,往返于热带雨林与人世间。

往返雨林人世间

在西双版纳的热带雨林里,望天树可以生长到 88 米高,近 30 层楼的高度,其散开的繁茂枝叶宛若天蓬,构成一幅幅嵌合完美的能有效捕捉阳光的感光板。榕树虽被占尽先机,但也精准把握时机恣意生长,独木便可成林。最大一株榕树的树冠,占地超过 5000 平方米。而在雨林之外,景洪的一处菜市场里,同为桑科榕属植物的黄葛榕和大果榕的嫩尖叶成了当地各民族最常食用的两种木本野生蔬菜,采收时间有时候长达半年甚至一年。黄葛榕的嫩尖叶,就是当地菜市场里常见的酸苞叶,可直接蘸盐巴、辣子吃,也可炖猪脚、做骨头糁、煮油炸肉。大果榕的嫩叶,本地人亲切地称之为"大象耳朵叶",用清水煮过去除苦味后,炒、拌均可,还可以做成野菜汤。这些根据经验筛选出来的带有雨林气息的野菜,与常见的食材里应外合,彼此成全。对于植物爱好者柏淼来说,西双版纳的菜市场似乎是一片全新的热带雨林,在这里,动物、植物、人类之间得以建立新的联系,柏淼可以打破时空和宏观、微观的折叠,踏入这个人与自然共生的世界。透过一叶,往返于热带雨林和人世间。

1	
2	4
3	

1. 新鲜的酸苞叶、大象耳朵叶、密蒙花。人类与自然互相成全的智慧,都在这里了。
2. 酸苞叶汤。
3. 老茎生花,结果植物。
4. 大果榕也被称为木瓜榕,和我们常吃的无花果是近亲。

中国人的菜市场 二 云南西双版纳：热带雨林：菜市场

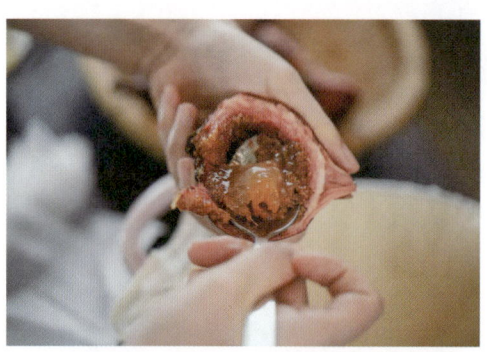

1-6 | 7

1-6. 用新鲜木瓜榕做的冰粉比普通冰粉好吃，带有明显的新鲜水果味，将果肉榕用勺子挖出来，用纱布包起来在冷水中浸泡，反复揉搓后将果胶挤出，然后放着就可以了，可以再加点水果搭配。（小春供图）

7. 薜荔，桑科榕属。也叫爱玉、木莲。和木瓜榕一样，爱玉果是一种隐花果，里面整齐排列的细小颗粒，才是真正的果实。纪录片《水果传》中提及，"爱玉接触到氧气，一种被称为果胶酶的特殊成分被诱导出来，将高脂果胶水解为低脂果胶，这种果胶具有强大的吸水性，在低糖甚至无糖情况下就能在水中凝结胶质。可以用来制作果冻或冰粉"。（原梓供图）

　　桑科植物的果实还有硕大香甜的波罗蜜，尽显雨林生命的狂野与美丽。听柏淼说，波罗蜜果实的高度甚至可达1米左右。波罗蜜又分干苞和湿苞，干苞脆甜，湿苞软糯。波罗蜜树上还会产生热带雨林特有的植物现象——老茎生花结果。这是植物为了适应热带雨林、获得更多昆虫授粉的一种生存策略。同样属于老茎结果的植物，还有菜市场里的木奶果和木瓜榕。市面上还有一种榴莲蜜，其实也是一种波罗蜜，属于桑科，而非榴莲。波罗蜜可以直接吃，也可以做甜点。波罗蜜籽也可以吃，煮一煮当下酒菜或者爬山小零食，口感类似板栗，扎实软糯。波罗蜜叶是做糯米粑粑的好材料。将叶子洗净晾干，随后加入苏子、花生、蔗糖、糯米

粉。捏好的粑粑蒸熟后,热气徐徐飘散,夹杂着波罗蜜叶的清香,叠加出一层温柔治愈的滤镜。久居于此的人被雨林之无尽藏所感染,物尽其用是他们给予身边这位似乎取之不竭的朋友的最大尊重。

雨林世界高温多雨,只有2%的阳光可以照射到地表。为了争夺阳光,雨林中的每一个物种都衍生出了独特巧妙的生存策略。而生活在西双版纳的傣族人为适应这种湿热的天气,则演化出了喜欢吃"苦"的习惯。通过对食材的漂洗、处理、烹饪,保留了恰如其分的苦。菜市场里茄科家族中的小苦子果和大苦子果,是云南苦味食材中的两大中流砥柱。带苦味的植物毒素,比如生物碱,出现的时间大概与哺乳动物的演化时间相同,因为这样

1		3	4
2			5

1. 菜市场里的波罗蜜。
2. 煮熟的波罗蜜籽可当作爬山的充饥粮。
3. 菜市场里还有一种野生苦果,虽然也叫苦果,但是却是五加科的刺通草,微苦,可以拿来烧牛肉。

中国人的菜市场──云南西双版纳：热带雨林：菜市场

可以吓跑取食的动物。但是在此处开辟疆土的本地人却无惧于此，抛去味觉的偏见，懂得享受这种苦。"你看，这些里除了野生小苦瓜，都是带苦味的茄科灌木，这是小苦子果，也叫水茄，可以煎着吃；这就是普通的茄子；这是泰国圆茄，做绿咖喱菜时经常会用到；这是大苦子果，也叫红茄，因为成熟时是红色。"柏淼如数家珍地介绍起来。

傣家还有一种茄科苦凉菜，傣语称为"帕兰"，学名为少花龙葵。今年回西双版纳过冬的索菲的最爱，就是苦凉菜煮汤。在一家爱伲人开的餐厅里，她还吃到了本地的水香薷拌黄瓜及搭配奇妙的茴香炒香芋。那些不辞辛劳的人们，奔赴家乡之外的千里之地，又在家乡的一碗苦菜汤中汲取力量，获得前行的勇气。回程路上，索菲去菜市场采购了干腌菜、水腌菜、喃咪酱、辣酱、茴香、橄榄果、木瓜、苦果、青苔、臭菜、白参、折耳根、麻欠、酸肉、骨头生……经她亲测，蔬菜可以直接手提登机，肉类、罐头、辣酱都可以托运。强烈建议航空公司出一个菜篮子指南明细！

1. 索菲说，煮苦凉菜时，要检查一下茎叶上有没有绿色小果子，长果子的就老了，而且未成熟的果子含有龙葵素，吃了会出现恶心、中毒等症状。本地人只吃嫩心。

2. 索菲喜欢用这种唇形科的水香薷拌上薄荷、水豆豉、黄瓜，很好吃。

中国人的菜市场—云南西双版纳：热带雨林：菜市场

在苦中轮回的还有一碗隐藏在西南大山深处的苦撒。据一位美食博主记录，勐腊县一个有山有水的小村子里，下午三四点开始的市集中主要卖一些村里人自己做的菜，比如撒撒。在气候炎热的傣家地区，撒其实是一种蘸水，但也是承担着主料功能的凉拌食物，开胃解暑。牛撒撒就是牛苦肠。勐腊人的这种饮食习惯略带生猛，正是生拌牛小肠里的苦水让这碗米线拥有了苦的调性。专属它的熟食档好搭档还有牛烂呼、臭牛皮、猪肉剁嘎哩啰、腌酸菜、酸牛皮等。在这个市集里，人和事都遵循着最古老、简单的方式运行，比如这里的度量衡仍然用的是市斤，你问野菜区的臭菜、刺五加、马蹄草多少钱一斤，摊主可能会回复你"元嫩"（傣话"一块钱"）。

当人类打破那些对味觉属地的固有认知，抛却偏见和短视，生活也会苦尽甘来。

中国人的菜市场 云南西双版纳：热带雨林 菜市场

1. 傣味中酸的来源之一，酸笋。
2. 红葱竟然是鸢尾科的。
3. 天南星科大野芋属，吃的是叶柄。

盘中的热带植物园 |

在柏淼看来，菜市场不只是卖菜的地方，更是一座盘中的热带植物园。除了常见的桑科、茄科植物，这边常食用的香料和蔬菜还有姜科、伞形科、唇形科、芸香科、天南星科、芭蕉科的植物。"比如红葱，其实它是鸢尾科的，原产自西印度群岛，傍晚开小白花，非常可爱；这个芋荷，天南星科的，也不是我们常见的象耳芋；佛手瓜，植物界著名的胎生植物；还有这种有四条棱的四棱豆，地下还长着块根，生吃也很好，但炒着吃最好吃。"

去离景洪市区差不多半小时车程的橄榄坝赶摆，可以看到拥有自己的乐器——"奇科"和"布姑"的基诺族、拥有自己农耕文化的哈尼族、善于采集的傈僳族，以及刀不离身的山地狩猎者拉祜族。这里还保留着许多原始的烹饪方式，比如烤、焐、烧、舂、熏……光是一条鱼就可以做出许多口味，比如做成香茅草烤鱼、舂鱼、包烧鱼等。在傣味烧烤中，禾本科的香茅左右逢源，萜烯类物质柠檬醛带来的清新柠檬香，造就了傣味烧烤的独特味道。而在地形复杂的云南大山里，石碓在日常生活中扮演着极其重要的角色。人们用它来给谷物脱壳，捣碎、糅合食物，这个过程称为"舂"。当地舂罗非鱼的香料除了常见组合——伞形科的刺芫荽和茴香、蓼科的香柳叶、唇形科的留兰香和荆芥（柠檬罗勒的俗名，当地人也称之为"地椒"），还有一味重要且独属于当地的灵魂香料——芸香科花椒属的毛大叶臭花椒（当地的傣族人称之为"麻欠"，也叫"玛啃"和"麻献"），在各种傣味料理中常作烧烤、腌菜、煮汤之用。小红书上有位博主教我用麻欠做牛烂呼，有点类

1	4	
2	5	7
3	6	

1. 傣族人无论烤什么肉，都离不开香茅。
7. 同属芸香科花椒属的汉源贡椒和麻欠。麻欠，也就是毛大叶臭花椒，芸香科花椒属中大叶臭花椒的一个变种。产于中国的云南西双版纳，据说中国普洱、缅甸等地也有。经常生长在海拔1400米左右的密林里，也有人工种植。花期一般在6-8月，果期9-11月。因其叶轴、小叶柄、小叶两面及花序轴均被长柔毛而得名。叶片与果皮具有浓烈的柠檬香气。据说抑菌和抗炎功效均强于普通花椒，在傣族和哈尼族的药典记录里还可以治疗肿痛和消化系统等疾病。傣族的朋友做什么都喜欢放一点麻欠，比如舂鱼、煮牛烂呼、烧烤、腌菜、煮汤等。

似于傣味的越南牛肉汤。放入姜、蒜、草果和香茅，牛肉煮软粑了，就把炒香的麻欠舂碎加进牛肉汤里，再撒上一把煳辣椒。最后再挤一点青柠汁。麻欠带来的类似香茅草但更为浓烈的柠檬香调，与最后加入的刺芫荽、香柳叶携起手来时，让这一锅牛肉吃起来有一种越界的快感。而傣族人的烧烤必备良品香茅草与麻欠的相遇，实属陌路相逢又殊途同归。

西双版纳菜市场里常见的芸香科植物还有我常买来做天然清香剂的香橼果和带来柠檬酸的青柠。柠檬是云南餐桌上最常用的"提亮之酸"，它的祖先是枸橼和苦橙，富含维C和柠檬酸。菜市场里还有许多让人觉得眼生的酸物，比如近几年的"破圈网红"叶下珠科叶下珠属的滇橄榄（也叫余甘子或油柑），横空出世的玉油柑饮品让它从原先的区域性食材变得广为人知。而在许多云南人的童年记忆里，滇橄榄是跟随着挑一条扁担走街串巷的小贩的叫卖声而来的小零嘴。将凉白开、盐、滇橄榄都安排到瓶瓶罐罐里，最后一定要加入几片生津止渴的甘草才算完成对其风味的寻根之旅。这颗来自云南大山深处的晶莹剔透的小小果实，和这里的人一样，在生存和繁衍的过程中，揽尽甘苦与沉浮，在世间求索闯荡。

1│2　1.右下绿色的是香橼果，旁边的香橼果叶，我常拿来蒸鱼烤虾，可以参考柠檬叶的用法。
2.这种皱皮青柠（即泰国丑柠檬）籽多且香气极浓，朋友在云南旅游时给我寄了一袋，做菜时擦了一点柠檬屑，立马让我原地成为一名灵魂深处都散发香气的女子！

中国人的菜市场 云南西双版纳：热带雨林：菜市场

150

还有一种和它很像的西印度醋栗，原产于马达加斯加，口感酸又脆，可以熬成果酱，也可以制成果汁。同样可以变身为果酱或果汁的还有豆科酸豆属的酸角，超市里有时候会摆着的罗望子酱就是用它熬煮的，也可以在火和糖的助攻下熬成酸角汁，搭配一碗菊花米线最妙不过。而让人爱恨交织的春多依果、可以用来炖鱼烤鸡的酸木瓜、夹竹桃科毛车藤的嫩果酸扁果，更是让人酸得龇牙咧嘴。提供盘中不同酸度的，除了可以当菜的水果，还有蔬菜。比如蓼科虎杖属的酸杆，也叫虎杖，生吃颇酸，单山蘸水或酸梅粉是平衡其味道的利器，我甚至还把它和虾酸牛肉同煮过，回味无穷。

| 1 | 2 | 3 | 4 |

1-2. 菜市场里的另一种老茎结果植物，叶下珠科的木奶果。原属于大戟科，后来划到新成立的叶下珠科。内里如蒜瓣，当地人也叫它"蒜瓣果""迷你小山竹"。可以剥皮后食用，也可以用来酿酒、制果酱或果汁。它和滇橄榄的共同特征就是"硕果累累"。和龙宫果也有点像，但楝科的龙宫果一般是五瓣，木奶果一般是三瓣。

3. 醋栗。

4. 滇橄榄。

中国人的菜市场 二 云南西双版纳：热带雨林：菜市场

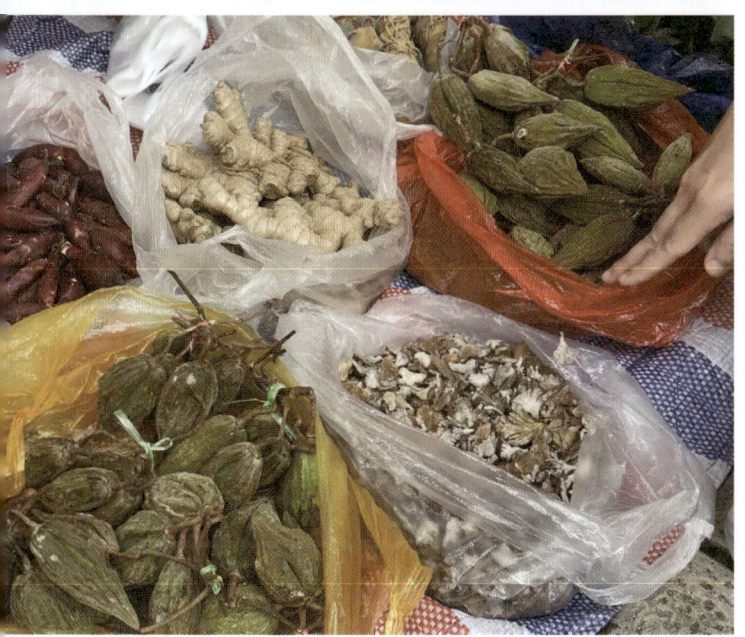

常年高温湿润的气候使生活在这里的景颇族形成了偏好酸辣的饮食习惯，景颇人没有纷繁复杂的烹调手法，多采用简单直接的凉拌，所以很多酸物都是蘸辣椒、盐巴直接吃，或者舂一舂，所谓"舂桶不响，吃饭不香"。当酸与辣相逢，就是长久栖居于此的人最熟悉的味道，这是他们在雨林中被生存本能驱动的味觉寻觅。

1		4	6
2			
3	5	7	

1. 酸角，做成酸角汁很好喝。
2. 槟榔青、嘎哩啰，漆树科槟青属。
3. 黄金百香果甜度更高，适合新鲜食用，购买时可以选择酸度更高的紫色百香果。
4. 酸木瓜其实是毛叶木瓜，蔷薇科木瓜海棠属，可以用来做酸木瓜炖鱼、烤鸡等。
5. 左下是酸扁果。
6. 酸杆，也叫虎杖，蓼科虎杖属。
7. 朋友生日宴上做了一只酸木瓜烤鸡。

包容万物的芭蕉叶

雨林既充满竞争又孕育生机，包容万物。高大密集的乔木沐浴着赐予万物生机的阳光，而匍匐在最底层的植物在激烈争夺中也能求仁得仁，获得一丝阳光和雨露。大自然精彩绝伦的平衡法则，彰显出雨林里无处不在的生命的价值。阳光和雨露奠定了万物生长的基础。比如高大的芭蕉树，黎明时分，朝阳升起，芭蕉树的叶片开始了一天的光合作用，为主体注入生机。当芭蕉树被在雨林里狩猎的人类带到菜市场时，又包容万物，造就风土。

有些时候它是环保的"包装袋"、绿色的"菜篮子"，有时候它是做饭的"炊具"、盛汤的"容器"、绿色的"筷子"。最为常见的用法是做芭蕉叶包烧鱼。作为吃鱼大省的云南拥有 30 多颗"高原明珠"——淡水湖泊，提供了丰富的淡水鱼类。云南省已知鱼类有 366 种，占全国淡水鱼类总数的 40%。而包烧则是生活在北回归线附近的景颇族、傣族师法自然的烹饪方式。在雨林中生长的芭蕉叶外柔内刚，做好包容一切的准备。当地人从村寨的小河里捞出条鱼，洗净就可以用新鲜的芭蕉叶包裹，然后用草木灰焖烤。这种兼具烤和蒸的烹饪方式，不仅能让食材口感鲜嫩，形态完整，还能够激发食材最原始的风味，芳香馥郁。我们在家里也可以效仿包烧的烹饪方式。比如颇具山野风味的包烧扒皮鱼，搭配上自个儿腌制的阳荷姜、新鲜的小青柠、铜陵白姜、紫苏等蘸水，让人身处城市之中，却如在郊野之外。

1. 野生尖刺鱼。

　　而在西双版纳的菜市场里,芭蕉树的每个部位都被仔细搜集,比如芭蕉花、芭蕉心。芭蕉花是云南热带雨林中最为常见的花卉,成熟的花苞长达20厘米,重达2千克。傣族人爱吃芭蕉花,最常见的做法就是包烧,由此衍生了一道名菜——芭蕉叶包烧芭蕉花。也可以去除花朵外围红色的老皮,去心并加盐揉搓去涩,再以水煮芭蕉花,最后加入本地常用来搭配芭蕉花的猪肉罐头。而在菜市场里,芭蕉花旁边通常还放着一根棒槌一样的东西,那是芭蕉树输送养分的通道——芭蕉心,清爽脆嫩,甘甜多汁。

　　云南人师法自然的烹饪方式还体现于摆放在景洪农贸市场入口处的竹筒饭摊子里。如果说居住在亚寒带、寒带的人善用木头,那么用本地随处可见的竹子充当炊具做成竹筒饭的就是居住在热带、亚热带的云南人了。这是从自然中汲取的灵感。冬季长出来的香竹做的竹筒饭是竹筒饭中的翘楚,傣族人称之为"考澜"。竹筒里面垫上一层笋壳,防止熟透的饭粒和竹子粘连在一起,同时巧用芭蕉叶当竹塞。在炭火的热力作用下,竹子会分泌出俗称"竹沥水"的汁液,本身就是药食同源的竹沥水融入稻米后,清香喷薄之余,还可

清热解毒。在景洪农贸市场里，你就可以吃到正宗又便宜的傣家竹筒饭，一对傣族夫妇每天都会在菜市场入口处烤竹筒饭和玉米，吃的话就一定要趁早。吃饭不积极，思想有问题！趁热吃！

除了竹筒饭，还有索菲的冬日限定美味青苔糯米饭。一到冬季，就能看到很多傣家人在澜沧江中或赤手或用笊篱捞青苔的身影。这些青苔长在水中的石头上，它们并不是苔藓，只是一些低等的藻类，包括刚毛藻属、水绵属、鱼子菜属、念珠藻属的一些物种。其中最常见的是刚毛藻属的青苔，傣族人将这类青苔统称为"盖"。市场里晒干的青苔饼轻柔绵薄，仿若一叶扁舟，带有藻类特有的绿茶般的气味和鱼腥味，但是越腥的青苔饼其实越甜。这种野生的食材最朴素却又最美味的烹饪方式莫过于烤。淋上一点猪油后来回翻烤，甘味和油脂碰撞，最后裹上刚蒸好的油香软糯的一团糯米饭。热乎乎地啃上一口，足可化解胸中所有块垒。

当人类开始直立行走，懂得用火，山川的生灵便开始出走雨林。以一叶为扁舟，往返雨林与人世间，融入世间沧海成一粟。

06

贵州贵阳：菜市场菜

菜市场里的"风味博物馆"

菜市场菜
菜市场里的"风味博物馆"

如果你去贵州,就会发现在城市的高楼之间经常能看到一座座大山。武陵山、大娄山、乌蒙山、老王山……一道道山岭,自东北部、北部、西北部、西南部分别包围着贵州。省会贵阳诞生于山水之间,整座城市被圈在纵横的山水之中。千百年来,这里的人学着如何与山水和平共处,如何在山水中经营自己的生活。挎上菜篮子去逛贵阳本地的菜市场,你会发现这简直是一座隐于山水的"风味博物馆",许多古老的风味在这里保存完好。在你成为这座小小"博物馆"最忠实的参观者的时候,菜市场里的毛辣果、折耳根、木姜子、苤菜根、垂油子、香柳叶、大芫荽等充满野性且蓬勃生猛的风味食材会牵引着你在这座隐藏于宏大壮阔天地间的博物馆里游荡。走在高低起伏的贵阳城区,踱着步去吃丝娃娃、糟辣鱼、串串香、雷家豆腐圆子、叉烧圆子、花溪牛肉粉、羊肉粉、鹅肉粉、烫菜、肠旺面、糯米冰浆、芸豆火锅、豆豉火锅、酸汤鱼、虾酸牛肉、烙锅、脆哨软哨、洋芋片,然后开始你在这座风味博物馆的探索之旅。一旦深入其中,便沉醉不知归路。

中国人的菜市场——贵州贵阳：菜市场菜

162

1|2|3

毛辣果之酸 |

早起去爬贵阳的黔灵山公园。黔灵山上的猴子并不怕人,有几次我甚至觉得它对我露出几丝轻蔑,在树枝上睥睨着下方,有王者的姿态。在山上时不时隔空对唱的大哥大姐,下山后又跳起了健美操。公园山下的菜市场里有卖毛辣果的,毛辣果其实就是本地的番茄,也是酿制红酸的主要原材料。这种原产于南美安第斯山脉的茄科植物来到山水贵州后,造就出了这里独特的风味底色——酸。毛辣果的酸度远超普通番茄,当地人一般会选用熟得透点、籽多点、水分少点的,加入本地二荆条辣椒,辣味浓醇。然后借助发酵,一场酸化运动悄悄开始。发酵后的毛辣果会产生多种酸性物质。最后加入高度白酒,产生酯化,让酸味变得更加丰富多元。

我第一次吃贵州酸汤鱼是在一家叫老板娘苗寨酸汤鱼的店里。毛辣果、苗椒、紫皮独蒜、盐、酒共同发酵而成的红酸汤滋味浓郁。店里用的鱼是江团,新鲜的江团稍做处理,采用简单的手法冷汤入锅,平凡中才见真章。脂肪隐藏在鱼皮之下,胶原蛋白和脂肪混合,形成一层浓厚的胶质;鱼肉入口,软嫩鲜甜,在酸香和辣香包裹下入口即化。

　　在贵州，有各种各样腌制与发酵的酸。贵州最出名的酸汤来自凯里，凯里是黔东南苗族侗族自治州的州府，汇集了苗、侗等少数民族的特色，酸汤鱼便起源于此。贵州人嗜酸，最初是迫于整个黔地，特别是黔东南严重缺盐的无奈。所以日常饮食要做得酸酸辣辣的，以酸代盐来补充流失的钠离子，同时用酸来中和水中的碱。而酸汤的发酵也离不开这里独特微妙的微生物群。它们与当地的天然香辛料、水，及温度、风、日照等微气候结合，在相互的博弈和调和中，便形成了这里独特的风味底色，酸汤鱼、酸汤带皮牛肉、酸汤猪手、酸汤肥肠、素酸汤……万物皆可酸汤，这是风土造就的。

1. 老板娘苗寨酸汤鱼店里的酸汤鱼。
2. 毛辣果。
3. 吃完后念念不忘，开始在家里复刻。
4. 素酸汤。

去贵阳一家叫毛辣果的店里喝素酸汤，汤头清爽微酸，里面放了酸萝卜、酸豆角、豆芽丝、莲花白和木姜子。店里还有一道毛辣果米皮，除了毛辣果，里面也有用红醋腌渍的酸萝卜丁。菜市场里的萝卜在雨水的映衬下越发明亮、饱满，这是做酸萝卜丁的首选。新鲜的萝卜、豇豆、莲花白等蔬菜加糖、盐、白酒腌制后就成了极具贵阳特色的泡菜，酸甜脆爽。和有筋有骨的米皮混到一起，多重味觉和多种口感在口腔中碰撞融合。

脆哨，你可以理解成"猪油渣"，但在贵州，脆哨不是炼制猪油剩下的渣滓，而是由专人炸制、与贵州人的日常饮食锁死的食材。每家的做法都略有不同，菜市场里卖脆哨的大姐说她常用的部位是五花肉（也可以用槽头肉，即猪颈肉）。五花肉去皮后改刀成两种形状，做脆哨片和五花脆哨。肉块放进锅里，且炸且炼，酱油提供香和咸，甜酒（酒酿）起色，带来甜。炸到肥腴之处散去了水分，消解了滑腻，而瘦肉部分凝聚了香气，拥有了油脂的加持，出锅前再放一点白醋或陈醋增加脆感。放一颗到嘴里，又酥又脆。可以直接当零食，也可以煮火锅，做脆哨洋芋（土豆）丁、脆哨炒饭、蘸水……米皮里淀粉的弯曲结构和脆哨里长长的饱和脂肪分子的勾连，犹如初到这里的人和这个城市一样，探索、尝试、融入彼此。

中国人的菜市场—贵州贵阳：菜市场菜

1. 毛辣果米皮。
2. 菜市场里卖脆哨的摊子。
3. 酸汤鱼店里的脆哨炒饭和木瓜丝。
4. 以软哨为食材之一的豆豉火锅。

1. 秋天，是收割稻子的季节，稻田在阳光下慢慢干燥，田里街上到处都是干草的味道。
2. 糯米冰浆，和冰沙有点相像，其实是水果和糯米一起打成的。
3. 黔东南的侗族人与苗族人的主食是糯米，其饮食文化是一种鱼米文化。糯禾的种植和使用在日常饮食生活中无不一一体现。比如用糯米做酸鱼、打糍粑、做甜酒、包粽子、炸侗果（黔东南的侗族人在传统节日上祭祀的常用供品，同时也是待客茶点。将蒸好的糯米饭边舂拌入作为增甜剂的甜藤浆，有时候还会加入鼠曲草，搓成圆柱状再加入菜籽油煎炸而成）。
4. 侗家油茶是侗族人在婚庆节日待客时经常制作的一道美食。不仅是茶品，也是饱腹的食物。"侗不离茶"。制作油茶时先放入山茶油，然后将糯米放进锅里爆炒至焦黄，再放入茶叶。用锅铲反复敲打煎炒。待出味后，再加水煮沸三五分钟。滤除渣滓，就是油茶水。
5. 毛辣果店里的独山盐酸菜。

贵州酸物的原材料，大多取之自然，与各种可食用植物资源联系紧密，比如毛辣果。而作为西南内陆的"鱼米之乡"、鱼米文化盛行之地，常见的稻鱼共生系统也给贵州的酸带去了更多风味组合。将清米汤装进坛中发酵，或者将淘米水、大米、糯米（粉）反复熬煮之后留汤发酵，便成了白酸，最好的米做出最好的酸汤。白酸只酸不辣，回味甘甜，煮出的蔬菜很好吃，也是很好的减脂餐。白酸加上一点毛辣果和糟辣便成了红酸。有次吃酸汤鱼，店家将整条稻花鱼下锅，鱼鳞保留。不去除鱼鳞是当地特色，在贫苦的年代，这样能最大限度保留鱼的胶原蛋白。以浑厚透亮的白酸打底，色泽鲜艳的红酸提色，再加入香柳叶、木姜子等香料。煮一会儿，肥美细嫩的鱼肉弥漫开来酸香的味道。贵州传统酸制品之一的酸鱼，也主要是用稻花鱼和糯米混合腌制而成的。先民在实践中掌握了制衡调和的原理，将粮食、河水、山谷、气候等有关风土的一切，融汇在一起。

还有更加小众的独山三酸——虾酸、盐酸、臭酸。

虾酸是由小河虾与辣椒发酵而成。独山的盐酸以其附近出产的一种青菜为主要原料，选取粗壮鲜嫩的菜薹和嫩叶，经过日晒和清洗后用盐搓揉，排除部分水分再进行腌渍。之后加入糯米甜酒、糖、盐拌匀，按比例加入蒜苗、蒜头、煳辣椒、冰糖、盐和适量白酒。大概两个月的时间，一坛甜辣酸脆的盐酸就做好了。贵州的无盐酸菜则无须加盐，浓稠的米汤充当了酸味催化剂，按照和米汤1:1的比例加入清水，将经过处理的蔬菜与米汤一起密封，10天左右就能解封一坛酸爽的无盐酸菜，不单米汤、糯米面、糯米饭、淘米水都可以作为酸菜发酵的引子。臭酸，也叫雅酸，是贵州独山县最具特色的菜肴。将大叶青菜剁碎放入坛中发酵至软烂，呈淡绿色。可以搭配荤菜同煮，也可以用来凉拌西红柿青椒丁。吃完可以配一碗凉虾冰粉，或者走上几步去买一杯文柠记。

　　发酵的鱼酱酸则是雷山县的特色,煮起来比一般的酸汤更鲜更辣。每一家都有属于自己的鱼酱酸家庭食谱。一定要使用当地的原材料,关键材料是鱼和大量的本地干辣椒。鱼要选在河边扒着岩石的、小得像蝌蚪一样的鱼,俗称爬岩鱼。将爬岩鱼洗净,与辣椒一同铲碎成泥状,工具是家里的铲刀。然后加入盐、生姜、苗家米、甜酒装坛发酵。用制作鱼酱酸的人来说,"一小勺鱼酱酸,足以改变你的未来。"

　　贵州的酸,还有来自菜市场里的果酸。8月至9月的时候去逛贵阳的菜市场,一种身披鹅黄外皮、布满了细小的刺的野生小果随处可见。这种果子一上市,贵阳的秋天就到了。虽然看着吓人,却是陪伴很多贵州人整个童年时期的解馋小零嘴,采摘时一定要记得戴上手套。果子洗干净后,经阳光一晒,果香扑鼻而来,闻着会不自觉地分泌唾液,这是刺梨,也叫缫

丝花（蔷薇科蔷薇属），和我们常见的梨子（蔷薇科梨属）是远亲。据说刺梨的皮刺中含有让植物纤维变得坚硬的木质素，越新鲜的刺梨刺越坚硬。果肉的维生素C含量一骑绝尘，每100克鲜果中的VC含量接近3克，据说是柠檬的100倍（同样重量下），被称为维C之王。未经处理的刺梨野性难驯，味道香、微甜，但更多的是野果强劲的酸涩味，除刺后去籽去皮、用冰糖腌制后炒干水分，出锅前挤点柠檬汁，随后晾晒个三五天，清爽酸甜的刺梨果脯就做好了。还可以做成蜜渍刺梨、刺梨派。刺梨生吃酸涩，与酒搭配却相得益彰，是酿酒的绝佳原料。一颗来自山野的特立独行的果实，既保留着古老的风味，也促使人类不断探索各种转化的可能，拓展新的味觉体验。

1 | 2 1. 虾酸牛肉。
2. 左下的小果子是刺梨。

2. 吴茱萸,芸香科吴茱萸属,果期一般在 8~9 月,果实为鲜红或紫红色,成熟后为细小开裂的蓇葖果。

辛香之味

秋天的时候,在黔东南的菜市场里还有一种不寻常的风味香料。卖菜的大爷和我们语言不通,当地的年轻人说起来也含含糊糊,只说晒干可以用来做牛瘪汤。仔细一看,这不是吴茱萸嘛!芸香科植物吴茱萸的近成熟果实,本地人也称它为"垂油子"。侗族人喜欢吃牛羊肉,擅长制作风味独特的牛瘪、羊瘪。"瘪"为侗语,意为"精华",做这道菜时,除了常用的生姜、大蒜、陈皮、花椒之外,特别之处在于采用牛胃以及牛小肠内的半消化草液或者山羊小肠内的半消化草液。将其用丝瓜烙过滤,得到的汁液就是"瘪",做汤底之用。这道菜还需山奈(沙姜)、垂油子、水芹菜、大芫荽、香柳叶、薄荷等植物香草的加入,鲜辣甘香中带着微苦。熬得越久,则苦味越浓,也更醇更香。

中国人的菜市场―贵州贵阳：菜市场菜

1|2|3
1. 中午吃饭的餐厅里，正在吃员工餐牛瘪汤的员工盛情邀请了我们。
2. 香柳叶。
3. 最左为山奈叶。

芸香科花椒属植物椿叶花椒食茱萸，和吴茱萸有些容易混淆。作为中国香料探索史上曾经的三香（食茱萸、花椒、生姜）之一，食茱萸是中国古代重要的辛辣调味料。长得像椿树，果实类似大粒的花椒，味道辛辣。和所有芸香科植物一样，食茱萸小叶密布的透明油腺点储满了挥发油，散发出芳香之味，因此也叫它"红刺楤"。食茱萸叶片中含有的山椒素（花椒属植物中的一种酰胺类物质），是麻感的来源。因为山椒素分子又大又重，因此一般不会飘入我们的鼻腔，多半在口腔发生作用，就像是嫩枝密布的锐利尖刺给口腔带来微微的刺痛感。可以丢几颗到菜里，或者将叶片剁碎，与鸡蛋和肉类搭配；又或者将果子熬成膏状，搭配牛羊猪肉做调料；还可以拿来做酒；如果把果子捣烂滤汁，加入石灰水，就是辛辣的辣米油。

其实在中国古代的辣味江湖中，能获取辛辣之味的香料并不少，比如胡椒科的假蒟，又比如宽叶韭，当地人也称之为"茖菜"，为石蒜科葱属植物。茖菜的叶子和根是主要食用部分，长得像韭菜，口感也接近韭菜，但叶子比韭菜宽，香气比韭菜浓。菜市场里还有芋荷，也就是广菜。这是一种天南星科大野芋属植物，我们通常吃的是它的叶柄。它常常和茖菜做伴，是煮稻花鱼的最佳搭配。茖菜中的含硫物质，释放出浓郁的类似葱蒜的辛香，是古代常用的辛香料。贵阳的菜市场里只要一块钱一把！广菜则质地疏松，带着温柔的甜，最易吸收鱼和茖菜的味道。我常用茖菜根舂鸡爪。茖菜根肉质肥壮且带有韭味，可以腌成咸菜，可以用来做火锅底料，也可以和肉类一同炒食。当辣椒传入中国后，许多远古的辛香之料逐渐没落，而隐于群山的许多古老味道和饮食习俗却被保存下来。

中国人的菜市场 | 贵州贵阳：菜市场菜

1	5
2	4	6
3		

1. 茎菜根。
2. 假蒟叶。
3. 宽叶韭。
4. 芋荷。
5. 康熙六十年（1722年）编成的《思州府志》载："海椒，俗名辣火，土苗用以代盐。"这是古代中国人食用辣椒的记录。
6. 干辣椒炒佛手瓜尖。

当鸟类吞下整颗辣椒果实，把种子带到各地，这种原生于南美洲的小型灌木果实，同时也是世界栽培范围最广的香料，便跟随商队来到了中国。有资料显示，辣椒最先在东南沿海登陆，但是在当地却只被当作是观赏植物对待。而后，辣椒经长江航道入湘却与之失之交臂。直至传到少盐的贵州，才产生了最初的食辣风气。辣椒的活性成分辣椒素辛辣至极，这种化学物质原本是辣椒防御动物的武器，而且显然是以哺乳类动物为主要防御对象，但人类却爱上了它带来的刺激口感，简直是相爱相杀啊！贵州的崇山峻岭造就了这位代"盐"人变幻多姿的品种。菜市场的辣椒摊位上，不仅有七星条、二荆条、子弹头、朝天椒……还有发酵带来的刀剁糟辣之复合酸辣，贵州辣子鸡里糍粑辣椒带有坚果香气的辣，酸汤鱼蘸水里的柴火煳辣椒香辣。

吃酸汤鱼的时候，鱼肉被裹挟在煳辣椒蘸水中，煳香辣味迅速覆盖口腔的时候，鱼的鲜甜、酸汤的爽冽，慢慢回涌。煳辣椒大部分时候用的是遵义辣椒，有时候也会将遵义辣椒、花溪辣椒混合在一起烘干磨碎，用小火慢烘。在烘干过程中，辣椒素开始衰减，氨基酸和还原糖重组，生成各种芳香气味——干果香、泥土味、木质香和坚果味。舂碎之后的煳辣椒干燥酥脆，香味增加，辣味减轻。浇上一勺酸汤，风味分明。

下雨天逛完菜市场后，适合来一碗热气蒸腾的羊肉粉，撒一把花椒粉是它的常规打开方式。每张桌子上至少摆着两种辣椒——被油封存的油辣椒和用火燎过的煳辣椒。它们在一碗羊肉粉里跌跌撞撞，带来不同层次的辣味和焦香味的迭代。又或者来一碗极富贵阳特色的早餐——素粉。素粉最主要的就是酸粉。酸粉带着淡淡酸味，米是发酵过的籼米和粳米，在磨浆之前，用带酸味的泡米水泡上一两天，水中大量的酵母菌会令它们快速发酵，产生轻微的酸度。磨成米浆后沥干，完成二次发酵，此时的酸味更为浓郁。最后氽熟用的沸水，也是将酸淘米水和清水兑到一起。吃的时候加上油辣椒、脆哨、软哨、肉末、香菇等，最后再加一个荷包蛋。

贵阳人的一天在一碗素粉中开始。每一家的辣椒油都有自己的味道，诀窍就是火候和材料。在小红书博主糖果妈的视频里，要先把遵义辣椒、花溪辣椒、皱皮辣椒倒入石钵，辣椒籽和辣椒皮在不断捶打中充分释放芳香与辣味（菜市场里也提供辣椒舂打服务），等它们彼此激荡，相互平衡香味和辣度后，最后一同放入炼制好

1. 一碗豆花面，则需要配一碗油辣为主调的蘸水。
2. 贵阳的糟辣鱼。

的菜籽油中。舂至糊状的辣椒要一点一点放入，待它们均匀地裹上一层油脂后，再用180摄氏度左右的油慢慢熬煮，醇香的辣味开始扩散开来。中途还可以加点花椒粒，辣椒熬到几近焦脆的时候再放入大蒜、胡椒粉和花椒粉。在吃到素粉之前，先被油辣子的香气牵引。

做油辣椒前舂好的辣椒就是糍粑辣椒。糍粑辣椒多选用以香气著称的花溪辣椒，连同嫩姜、蒜瓣一同舂至糊状，过程宛如把糯米捣成糍粑一样，所以得名"糍粑辣椒"。用来做糍粑辣子鸡时，鸡块先用葱、姜、淀粉、蚝油、料酒腌制20分钟左右，下锅煎，直至水分散去。随后加入糍粑辣椒，将鸡块在油锅中与糍粑辣椒一同翻炒，辣味连带着姜、蒜的香气缓缓浸入肉质纤维，均匀地渗透到鸡肉中。

不得不提的还有糟辣。糟辣用的是贵州当地的二荆条，细长，没那么多水分，红润，挺括。随后将香味更浓郁的紫皮独蒜、小黄姜、高度白酒，自制酒酿等装入坛内共同发酵。可以做糟辣炒饭、糟辣鱼、糟辣虾、糟辣牛肉、糟辣烤鸡。选取一只三黄鸡，用浓盐水（盐的用量是水用

1. 自己做的糟辣烤鸡。

量的3.5%~6%）腌制10个小时左右，取出擦干后先将鸡皮表面抹上一层油，随后将糟辣、香柳叶、大芫荽等搅成泥状，均匀涂抹鸡肉全身，放入烤箱后以220摄氏度烤30分钟左右就可以获得一只云贵川版本的糟辣烤鸡了。做糟辣鱼时，要注意放糟辣的时机。酸、辣、鲜三种味道如何在合适的时间里进行会面并调和，虽然不需要精确把握，但一定心里有数。

贵州的辣椒，百辣争艳，各擅胜场。而在万物皆可烙的烙锅中，或许那一碗用五香辣椒面调味的蘸水才是真正的点睛之笔！蘸水之于贵州菜，就像贵州民族服饰上的点缀，必不可少。有时候一碗蘸水就是一道菜的灵魂，主导着一道菜的口感和走向。

鱼腥草会保佑每个相信它的孩子 |

　　说起蘸水，酸汤鱼的蘸水里通常会放一些野性十足的香料、香草，比如折耳根、留兰香薄荷及新鲜的木姜子或木姜子油。菜市场里的折耳根通常和毛辣果并肩作战。折耳根，或者叫它鱼腥草，是三白草科植物，也是黑胡椒的近亲，带有一种和肉、鱼、芫荽混合的味道，美味与否因人而异，甲之蜜糖，乙之砒霜。贵州人有多偏爱折耳根呢？在贵州省博物馆一楼竟然有一家专门做折耳根的饮品店！得新冠

181

1|2

的时候,朋友提供了一份折耳根食愈力清单。先炖梨和贝母,贝母一定要用川贝母,梨煮得软乎了再放折耳根,大概煮十分钟就可以喝了。还可以将茵陈、茅根、甘草、陈皮和金银花一起炖煮。云贵的朋友们表示不仅从小吃水豆豉凉拌折耳根、折耳根镶豆腐、折耳根炒肉,输液时还输过折耳根提取液!折耳根会保佑每个相信它的孩子!

作为全国唯一一个没有平原的省份,占贵州面积九成以上的山地丘陵、纵横交错的八大水系,将这里打造成世外桃源,也让这里的风味神秘而多彩。而这些充满野性且蓬勃生猛的风味会牵引着你在这座隐藏于宏大壮阔天地间的博物馆里游荡。

在贵州吃折耳根,是从早饭开始的,粢饭团里铺着满满当当的折耳根!卖饭团的大叔推着小车,熟练地从大锅里挖出

一桶用猪油煮出的糯米饭，扎实且油光可鉴，谷香和热气扑面。扣在毛巾上，填入脆哨、白砂糖、土豆丝、海带丝、酸萝卜、花生，这让糯米饭稍显朴素的口感一下子丰富起来。随后在糯米饭上再撒一点煳辣椒，香和辣兼备。最后加入的折耳根则提供了苦凉的风味。苦中有真味，城市在折耳根粢饭团中慢慢醒来，并逐渐热闹。

漫步在贵阳城区，累了就点一份雷家豆腐圆子。以酸汤豆腐为主要原材料，把豆腐捏碎加入香料，再经过一轮发酵，搓成椭圆形的丸子，放入菜籽油里炸过后就成了贵阳名小吃"豆腐圆子"。外壳炸到纤薄酥脆，轻轻咬开，内瓤的疏松孔隙呈蜂窝状，入口绵柔。裹着折耳根、酸萝卜、煳辣椒蘸水吃，有滋有味。还可以拿来做汤菜。将圆子一剖为四，在汤菜快起

1|2|3

锅时倒入。类似做法的还有恋爱豆腐果。酸汤发酵过的豆腐果,经过炭火的炙烤,外皮焦脆,豆浆在"皮下"沸腾,用小铁铲横切开灌入煳辣椒蘸水就成了。煳辣椒蘸水里除了煳辣椒,还有折耳根和木姜子油,这才是其灵魂所在。"恋爱豆腐果"这个名字,传说是源于抗日战争时期,当时青年学生们在摊头吃豆腐果、谈恋爱,以寻得短暂喘息,而当地人更习惯直接叫它"豆腐果"。据说吃了恋爱豆腐果的年轻人都能很快脱单!

晚上的贵州街头更加热闹。丝娃娃、烙锅、八月炸、烤小串、烤红薯、烤马铃薯……贵州的夜晚,空气中飘荡着烘烤的马铃薯经过褐变反应产生的麦芽香和香甜味。丝娃娃,有人说它是素春卷,但人家可比春卷丰富多了!端上来的小碟子中有酸辣土豆丝、豆芽丝、黄瓜丝、酸萝卜丝、凉面丝、胡萝卜丝、榨菜丝、海带丝、莴笋丝、脆哨碎、炸黄豆、花生碎,摊开一张饺子皮大小的"米饼"将它们均匀地铺展开,最后蘸上有折耳根、煳辣

椒、木姜子油的酸汤蘸水，原先清汤寡水的丝娃娃，瞬间增色不少。

　　除了折耳根，留兰香薄荷也是贵州菜里时常见到的香草。例如虾酸牛肉上面通常会放一把留兰香薄荷，店主可能会告诉你这叫"狗肉香"。吃完会有一种很清凉的感觉。这种薄荷含有的萜烯类物质薄荷脑可以带来无比的清凉。除了本身特有的香气，薄荷脑还能与口中感温神经细胞的受器集合，促使这群细胞向脑部发出比实际温度低了4～7摄氏度的讯号。但是它受热后很容易变质，因此通常不会用来炖煮，只是最后拿来点缀。

　　贵州的蘸水里少不了的，通常还有木姜子。每年7月至8月，贵州菜市场里会有孃孃背着新鲜木姜子到集市路口。木姜子，或者叫它山苍子、山鸡椒，是樟科木姜子属的落叶小乔木，一般分布在云南、两湖、两广、晋南及浙南一带，从它层出不穷的叫法可以看出它与各地的民俗联系紧密。花期一般在3月至5月，果期一般在7月至8月。木姜子时常被误认为青花

椒，但其实二者完全不是一个科的植物。木姜子叶子呈披针形，果实含有芳香油，种子也含油。有的地方会用木姜子根炖猪脚。木姜子的鲜果不耐存放，而且果实长在高达10米的大树上，不易采摘，果期非常短。从前，想吃到这一粒的新鲜，必须与时间赛跑。在菜市场里，木姜子用它独特的味道打开了一个本味之外的新世界。

木姜子会散发出类似香茅草的味道，香茅中主要的挥发油为柠檬醛，所以木姜子入口给人的第一印象是柠檬、香茅、薄

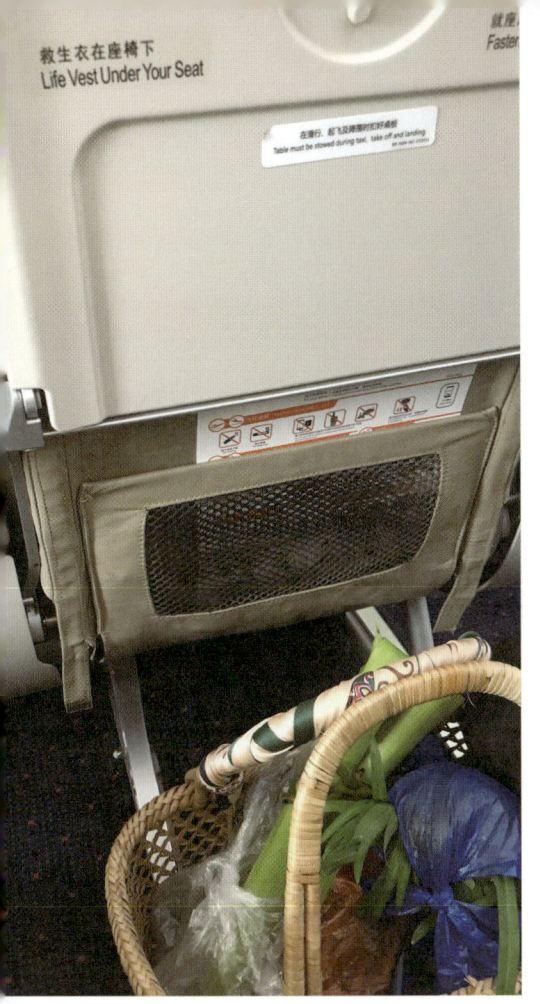

荷的口感，在此基础上，带着清凉、微辛的味道。虽然像极了青花椒、青胡椒，但是辛味比它们弱一些，香气层次却更加丰富。既是香料又是保健品，将之用于料理，可祛膻减腥，提鲜增香，特别适合煮鱼和肉。这种特殊香料，用独有的香气吸引我们深入食材的原味。煮酸汤鱼时，以木姜子为线索，强化风味的同时，在蘸水里展现酸辣咸鲜，打开原味之外的另一份丰饶。

如果你去老板娘苗寨酸汤鱼店里吃酸汤鱼，浸入酸汤的木姜子，出其不意地带有柠檬草香，带来吞咽后留在舌侧的惊喜。你会发现这里不是用生抽王、老陈醋进而香油营造的热火朝天，而是用毛辣果之酸、煳辣椒之煳香辣、木姜子之味及贵州老板娘的爽快随性带来的黔东南丰饶之味渲染出的烟火气息。

1	
2	3	4

3. 从贵州回来，买了一篮子菜。折耳根、茎菜根、山奈叶、垂油子、广菜……飞机上，乘务小哥看着我的一篮子蔬菜，温柔地帮我给菜篮子系上了安全带，我们相视一笑，赚到了。

07

广东广州：岭南风味里的菜市场

唔可以唔饮！

中国人的菜市场―广东广州：岭南风味里的菜市场

1 | 2. 1982 年广州将木棉花定为市花,当时的想法可能也有:"广州市花如果不能煲汤,那为什么要做广州市花呢?"(本章大部分图片由原梓提供)

岭南风味里的菜市场
唔可以唔饮!

当云南河谷中的木棉灼灼其华,广东的木棉也拉开了岭南春天的帷幕,回南天悄然来临。来自南海的暖湿气流让这里的空气饱含水分,地上、墙面上,甚至晒着的衣服里,都能隐约听见水流淌的声音。正是这丰沛的水汽,催开了云蒸霞蔚般的木棉花。这种可达 25 米高的落叶乔木是岭南地区传统的行道树。盛花时鲜红的花朵沉甸甸地压满枝头,天晴时如红云漫天,天灰时更灿若云霞。街头巷尾都浸染在这仿若举火烧天的红云中。人们总是调侃南方的生物都是加大号的,一片叶子都能砸晕人,木棉也是如此。它绽放出直径约 10 厘米的大花,足有碗口大小。所以木棉花落从来不是纷纷扬扬地飘落下来,而是沉重地撞击地面,发出一声闷响。

木棉花开在天空,植物爱好者原梓从树荫下抬起头,撞见一脸天幕般广阔的红,他一边小心翼翼地躲避着这场暗藏危机的花雨,一边在地上找寻着还算完好的落花。与云南习惯用木棉花蕊炒火腿肉不同,广东人习惯将它捡回去整朵晒干,再用来煲汤或是煮凉茶。毕竟于广东人而言,"饭,可以唔吃,但汤、凉茶和糖水,唔可以唔饮"。作为一名在广东长大的湖北青年,原梓的饮食习惯早已入乡随俗,广东的文化是如此的包容和随性,热忱地接纳着八方到来的人们。

万物皆可煲汤 |

经过一周的时间,木棉的花期接近尾声,枝条上开始抽出新芽、发出新叶,这种先花后叶的策略有利于木棉花更早地获得传粉机会。先前捡的木棉花已经在阳台上晒干,原梓来到离家不远的菜市场。在老城区破旧的窗台、屋檐和防盗网之间,从铁网的缝隙里挤出来倾泻而下的,有灿若锦带的三角梅,也有亭亭如盖的落地生根,每种植物都饱含着顽强的生命力。他准备挑一把五指毛桃,和木棉花干一起煲汤。由于地处温暖潮湿的亚热带地区,在广东文化里,"上火"和"湿气"是两个极为重要和玄妙的概念,从口干喉痛,到失眠多梦,几乎所有的小毛病都能归咎于这两点。如果说法国人的血管里流淌的是葡萄酒,那么对广东人而言,他们的血管里奔涌的就是各种清热祛湿、滋补身体的汤、凉茶和糖水。为了生存,每一类物种都衍生出了独特的生存策略。而在广东的菜市场里一般都会有专门卖煲汤材料的摊位,马蹄、粉葛、土茯苓、茅根、竹蔗……各种食材在案板前堆砌成山。如果提出要求,热心的摊主还会帮你把它们都处理好。粉葛和马蹄削皮,竹蔗切断斩开……只需回家稍加清洗,就能麻溜儿地把它们丢进炖盅,煲上一锅靓汤。

在原梓看来,五指毛桃这个名字很有迷惑性,因为它其实和平时吃的桃子一点儿关系也没有。它是一种榕树——裂掌榕的根,带有朴实的药味与大地气味,广东人喜欢拿它来煲猪骨,或是配上鸽子、水鸡这样的禽类。它的叶子有着修长的裂

绿手指

GREEN FINGER

相信自己

1	3	5
2	4	

3. 菜市场里的五指毛桃，即列掌榕的根（最左）。
4. 五指毛桃。
5. 原梓画的五指毛桃。

5. 红花羊蹄甲。

片——裂片数量往往正是五片，的确像人的手掌，五"指"分明。除了五指毛桃和晒干的木棉花，煲汤时还要加一点猪骨、猪展肉和薏米。猪骨要用猪扇骨，恰到好处的油脂，再加一点猪展肉提鲜。肉类要汆水后撇去血沫，再放入炖盅。薏米则提前一晚用水浸泡上，煮汤时容易软烂开花，又或者先用小火微炒，释放其中谷物的油脂与清香。

喝完了木棉花汤，季候也从暮春转到了初夏，木棉的果实开始成熟开裂。洁白的木棉如云般挂满树梢，风一吹，带来满城的飞絮。草坪上、马路上、行人的肩头上，到处都是白色的棉毛。这也是"木棉"这个名字的由来。这些棉毛可以作为枕头、被褥、救生圈等物的填充材料。拨开一团棉毛，里面会露出黑色的黄豆般大的种子，种子榨出的油可以用作润滑油，甚至制作肥皂。木棉树木材轻软，可以拿来做蒸笼、箱板、火柴梗，还可以造纸。但最近新的行道树已经很少栽种这全身是宝的木棉树了，因为它的飞絮会污染街道，落下的花也存在砸到人的风险。但是，不论从外貌、饮食还是文化来看，木棉都可以说是岭南最具代表性的树木之一，每朵砸在大地上咚咚作响的木棉花，都是对灿烂生命的礼赞。

当红花羊蹄甲（即紫荆花）繁英满树

时，如果你走在华南的田边，不难发现一种有着漂亮大叶子的植物，这是原梓最喜欢的可食植物之一——蕉芋。蕉芋与香蕉和芋头都没有关系，它其实是一种美人蕉，从遥远的南美传入中国，最终归化为华南农人们常种的食物。成熟的蕉芋植株往往能长到两米多高。它的叶子是美丽的中绿色，在叶脉末端和叶子的边缘还会染上层层的酒红。这种简单明了但又大气的配色，加上它枝头鲜红的小花，洋溢的热带风情几乎要满溢而出。蕉芋红色的小花里盈满蜜汁，孩子们喜欢摘下花朵吸食，权作免费的糖果。据说花可以止血，还可以酿酒，叶子和茎则可以拿来造绳和造纸。

不过蕉芋最好吃的部分并不是它的花，而是浅埋在地下的富含淀粉的块根。蕉芋有着惊人的生命力和生产力，往地里随便丢一块蕉芋，用不了半年就能长出一大丛。人们挖出它的块根，剔去根须，洗去泥土，削掉皮，就宛如璞玉得到雕琢，露出洁白温润的内里。既能直接煮着吃，也能研磨成粉后洗出淀粉食用，或者加工成粉条，口感类似藕粉，所以也有一些地

区称之为旱藕、木藕等。由于产量高、不择土壤，在三年困难时期，蕉芋甚至作为替代食品被南方各市政府大力推广。蕉芋粉中含有较多的支链淀粉，很容易便能糊化，黏稠度高，简单加水煮开，加些糖就能吃了，味道鲜美。当然，也可以选择更有层次的吃法，比如炖一锅蕉芋鲫鱼汤，或是干脆凉拌一碗蕉芋粉条。新鲜蕉芋的口感介于脆滑和绵软之间，去皮切薄片，能为汤汁增加几分层次。清理干净的鲫鱼放入油锅中煎到两面金黄、焦香酥脆后，倒入沸水，加入蕉芋片煲20分钟左右，出锅前简单调味，便是一锅鲜汤了。植物中的蛋白质与动物蛋白质唇齿相依，难舍难分，而蕉芋丰腴的淀粉让汤汁更容易挂在口中，持续刺激着味蕾。而蕉芋粉条玉白滑嫩，用来凉拌，透着一股干脆利落的清爽。

1|2|3

1. 蕉芋块根。
2. 蕉芋花。
3. 凉拌蕉芋粉条。也可以给它染个色，用厨余的黄瓜皮和留兰香薄荷打成汁液加入蕉芋粉中。

1. 黄姜花。
2. 某种姜黄。
3. 朝天蕉。
4. 某种豆蔻。
5. 芭蕉科的地涌金莲。

　在繁忙的学业之余，原梓喜欢去华南植物园里逛逛。在里面的众多专类园中，有一个园子里的可食植物比例在众园中鹤立鸡群，那便是姜园。姜园里收藏着众多旧时属于姜目的物种，涵盖姜科和芭蕉科这两个可食植物大科。在这里，你能找到水果、蔬菜、香料，甚至是主食。葳蕤的热带树木下，其实潜藏着众多有趣的可食植物。比如果实甜美的芭蕉、嫩茎叶可用作蔬菜的九翅豆蔻、芬芳扑鼻的益智……还有粉嫩可爱的朝天蕉，布满绒毛的果实里是满满的种子。而在菜市场里，姜目的植物们也十分醒目，比如常见的香蕉，以及在菜市场里容易被误认为姜的竹芋。

竹芋，俗称"东京薯"。如果直接煮食，它奇特的口感会吓跑好一些人。它有一点儿糯和粘牙，但糯里又夹杂着脆，还有纤维。不过它根茎内饱含的淀粉可以做出一种人见人爱的食品——潮汕地区的特产"东京丸"，本地人有时候也称之为圆子。将东京丸拌落在开水中煮到透明，适当加糖后，就是夏日里降暑止渴的美味甜汤。

春天的时候，菜市场里陆陆续续冒出了许多野菜。比如十字花科的蔊菜，也叫塘葛菜、野油菜。它的旁边是和它同科、一般用来煲咸猪骨的包心芥。蔊菜虽是野菜，但也是很讲究的。之所以得名"蔊"，就是因为老蔊菜的味道辛辣，如火燎人。但广东人就喜欢这一口老味，所以菜市场里的蔊菜一般都是开花结籽，长得相当老的。长老的蔊菜通常被用来和鱼、鸡、猪骨等荤物煲在一起。广东有一道著名的粤菜——塘葛菜煲生鱼汤，就是用老蔊菜和鱼煲出来的。虽然老蔊菜纤维多到嚼不动，但它的精华早已融入汤里。总之，无论搭档如何更换，总是少不了一碗汤。

只要多吹几次西南风，菜市场里就有麻叶可以吃了。麻叶是黄麻的叶子，而黄麻是一种主要用来剥取韧皮纤维的农作物。黄麻皮可以用来织麻布、制麻袋、打绳索等。麻叶，这种潮汕百姓们做麻绳的

1	3	5
2	4	6

2. 菜市场里的竹芋。
3. 蔊菜。
4. 包心芥。
5. 麻叶。
6. 西洋菜。

副产物,如今却成了餐桌上的宠儿。在飞水吹干、去除涩味后,再将麻叶和大蒜、豆酱等一同干煸,就成了一道咸香下饭的爽口菜品。炒好的麻叶有着明显的脱水口感,但在咀嚼间,纯粹的干香会逐渐被释放。不论是单作一道炒菜,还是作为配粥的咸杂菜,都非常适口。

菜市场里还有以前在水边经常看到,现在大部分已经人工种植的西洋菜,或者叫豆瓣菜,这是一种十字花科的水生植物,因具有独特的香味和微微的苦味,常被用来煲猪肉或炒牛肉。从菜市场买回来的西洋菜,在烹饪前先将其浸泡水中15~20分钟,叶子饱吸水分恢复神采之余,还能去除部分涩味。和鲩鱼、猪骨煲成老火汤,汤水浓郁温润中透着淡淡的清香。也可以摘取西洋菜的嫩叶生吃,或者焯水凉拌。西洋菜花可以作为可食用花卉来装饰餐盘,给菜品带去水生草本的香气与辣味。较老的茎则可以用来煲罗汉果南

北杏西洋菜蜜,味道出奇的好。

除了这些,广东菜市场里还有许多从田边地头挖出、摘下的野菜,从辛香滑润的马齿苋,到煲猪肉的一点红,从上汤佳品龙葵芽,到刚刚萌出的桑叶,它们既是幼年时母亲常摘的野菜,是童年的植物食材,又几乎都有着相同的功效——下火,这是在广东最受青睐的特质。正是这些野菜,为如今高度同质化的菜市场带来了几分野趣和人情味。广东世代相传的古老传统,似乎在这里得以延续。

在广东,长久煲出的汤也可以被叫作老火汤,因为煲汤时间较久,故而有"老火"之说。对于老广而言,万物皆可煲汤。

1|2 1. 西洋菜排骨汤。(一么供图)
2. 马齿苋。

中国人的菜市场—广东广州：岭南风味里的菜市场

204

万物皆可糖水 |

原梓也会去逛岭南花卉市场，这是华南地区数一数二的花市。这里的鲜花绿植来自世界各地，从国内的云南、四川、山东，到国外的厄瓜多尔、肯尼亚、荷兰……但原梓认为最有风情的，还是岭南花卉市场旧区后方那一片售卖本土植物的店铺。在这里，你可以找到各种奇妙的果树。有国产的黄皮、芦柑、沙田柚、三华，也有异域舶来，但在广东生长良好的珍奇果树，例如黑柿、指橙、蛋黄果、长果番樱桃。当然，除了果树，这里还有各种具有岭南特色的香草，芸香就是其中最显眼的。芸香有着非常美丽的银灰色叶片，开黄色的小花。虽然外表人畜无害，但它特殊的香味却让一些人避之不及，甚至会导致过敏。所以它还有一个响当当的名字：臭草。臭草缔造了广式糖水中的绝对经典——臭草绿豆陈皮海带糖水。对于外地人来说，这看似风马牛不相及的搭配十分"暗黑"，但其实在炖煮后，臭草的气味会衰减，最后淡化成微妙的草本芳香，配上清热解毒的绿豆和海带，将岭南夏天的滚滚热浪轻柔消解。

1	3	5
2	4	6

1. 荔枝。
2. 人心果。
3. 鸡蛋果。
4. 欧芹和秋石斛。
5. 各种香草。
6. 臭草。

中国人的菜市场 | 广东广州：岭南风味里的菜市场

1 | 2 | 3　2. 姜薯。
　　　　3. 朋友的潮汕婆婆做的一碗姜薯甜汤。

　　这道糖水的甜，少不了一抹海洋之鲜来衬托。去菜市场寻觅海带，回家后清洗浸泡，洗去咸腥和杂质，只留下满盈的鲜味。提前一夜泡发的绿豆已然饱胀，加入海带一起熬煮。掰入一小片陈皮，放入数根臭草，再用文火熬煮一个小时，其间不时翻压锅里的食材，直到豆皮绽开，内瓤变得软烂、绵密、起沙。捞出半浮的绿豆皮，加几颗老冰糖、一点儿红片糖，这一碗甜中带着醇鲜，鲜中带着陈香的糖水便可出锅了。在经年累月中生出陈香的陈皮，与新鲜的臭草相遇，香臭碰撞，两种芸香科植物在一锅汤水里新陈相会，共同炼造出波诡云谲的味觉体验。

　　用以抵挡北回归线附近强烈阳光的还有那一碗茅根竹蔗水。三种禾本科植物的根茎——茅根、芦根、竹蔗，联合马蹄和胡萝卜，用植物的清甜四两拨千斤地消解了夏天的湿腻，成就了一碗不落窠臼又可以日日相伴的灵魂糖水。当然，留下食材的是糖水，沥出汁水的就是饮品，比如菜市场里的一瓶甘蔗汁。

　　广东的糖水铺子里还活跃着另一种"暗黑"糖水，那就是腐竹白果鸡蛋糖水。而说到蛋，还有一种甜汤叫姜薯甜蛋。这里的蛋指的是甜鹌鹑蛋，用糖浆熬制而成，然后放入煮好的姜薯糖水中。姜薯是一种薯蓣科植物，和淮山是亲戚。有些地方俗称其为"小淮山"，但其实和市面上的淮山有所区别。可以用来做姜薯桃或姜薯包，也可以将其去皮洗净泡于水中，切块煮汤，或者削片煮成糖水。用潮汕传统的削姜薯神器将其"tuo"（就是本地"擦"的意思）成薄片，拨落在煮开的糖水中，待姜薯片形态卷曲后，加入甜蛋即可盛起，甘香味美。每年过年的时候，潮汕保持传统的人家就会煮这道姜薯甜汤，拜神时一饮而尽。2022年正月初一的时候，姜薯的价格狂飙至60多元一斤，但是购买的人仍然络绎不绝。

原梓参加过一个叫"庆丰年"的市集。在这个市集里,农人和手工业者们售卖着乡土而有趣的产品。比如手编的竹制品、用来做五眼菩提的南酸枣核,又比如各种还沾着土和露水的蔬果。这些蔬果里有不少自留的老品种,虽然很难叫出确切的品种名字,但它们往往有着一股朴实的调性,那是祖辈的味道。原梓在市集里看到了真正的"香芋"——参薯。其实香芋和芋头并无关系,它的真身参薯是一种薯蓣科的植物,有着美丽而柔和的紫色。煮熟的参薯有独特的芬芳,而商家试图用紫薯粉混合芋泥来还原"香芋"味,最终也只能仿出外形,内在天差地别。还有数种五颜六色的番薯,在番薯的老家热带美洲,早在印加帝国时期之前,人们就开始人工栽培番薯了。明末时,番薯传入中国。作为舶来品,番薯给中国人的生活带来了持久而深远的影响。它不仅是饥荒时救人无数的救命粮,也是备受人们喜爱的养生美食。比如一碗番薯糖水,又或者一碗薯粉嗦。之所以有这么一个名字,是因为红薯粉特别滑溜,"嗦"的一声就吸进肚里。将红薯粉煮好后,倒入冰镇的糖水

里即可。用番薯做的糖水大多朴实无华，它们是家乡的味道，不需要故作高调，也能让人日思夜想。

菜市场里开始卖柚子叶了。柚子叶、菖蒲、艾草和龙船花是岭南的清明悬挂物。清明起初其实是踏青节，1000多年以前和扫墓与祭奠祖先的风俗结合在一起，成了唯一以节气为名的全民节日。经过一代代的传承，从未改变，既承载了一个个家族的历史，也铭刻着民族的共同记忆，蕴含着中国人厚重的家国情感。

1. 真正的"香芋"——参薯。
3. 柚子叶。
4. 菖蒲和艾草。

1	3	5	6	
2	4	7		8

1. 欣欣向荣的阔苞菊。
2. 艾叶。
4. 艾叶粿。
8. 露兜树。

在中山树木园里,阔苞菊欣欣向荣,它也叫栾樨,是菊科阔苞菊属植物,生于临近潮水的地方。摘取其叶做成的栾樨饼,是四月初八佛诞的食品。菜市场里还有艾叶,每年3月至4月,也是吃艾叶粿的时节。

菜市场里也能买到露兜树的叶子。这种满含纤维,边缘有着密刺的叶片既可以用来搭建茅草屋、制作帽子,也可以用来包裹菜肴和点心,用它来制作粽子,更是一绝。露兜树叶中的挥发性成分2-乙酰-1-吡咯啉会带来类似泰国香米气味的坚果芳香,这些狂野的叶子用独有的芳香温柔地缠绕起糯米、虾干、咸蛋黄、肥猪肉、瑶柱和绿豆瓣,做成一枚枚标志性的广式露兜粽。和这里的食物包容得下一切食材一样,广东,这个海纳百川的省份也包容下了每一个来到这里的人,而这也是原梓给大家带来的岭南风味。

08

江苏南京：石臼湖里的菜市场

水乡孕育出的干鲜清甜

1. 知书了宿供图。

石臼湖里的菜市场
水乡孕育出的干鲜清甜

"日出一斗金,夜出一斗银。"在高淳、溧水、当涂三地的交界处,有一个面积200多平方千米的纯净、天然的淡水湖泊——石臼湖。湖的西部与长江支流青弋江、水阳江、姑溪河连接,北面通过天生桥河与秦淮河蜿蜒交汇,属长江流域湖泊。烟波浩渺中,石臼湖特大桥坐落于高淳和溧水之间。如果你从南京南站出发,乘S1号线至翔宇路南,再转S9,就会经过明觉站到团结圩的这段10分钟的"湖上之路"——全长12.6172千米的石臼湖特大桥。黄栌花开的时候,长江中下游的夏天在菜市场里开始了。

1	2
	3

诸家村的桥 |

沿着石臼湖旁的 204 县道行驶约 15 分钟，来到地处凤栖山东侧、石臼湖东南岸，至今已有 680 余年历史的自然村——南京溧水区和凤镇的诸家村。诸家村的先祖生活在浙江余姚一带，可能某一次，他们踏上船，从此告别家乡，进入石臼湖的世界。如果沿着石臼湖溜达，你会发现，这里和外面的世界截然不同。当阳光投射到这一片水域上，就可能产生人类肉眼看不见的偏振光。与人类不同，有些动物能看到偏振光，在这片辽阔水域生活的黑水鸡的视野里，就可能有一片我们看不见的生命之色。在这里，有宇宙般的寂静。

村子里也有一座桥。这个时节的清晨和黄昏也是美的，拥有一天，也许是一年里最好的光线。桥洞因透过的日光呈现出丰富的暗影，桥边是洗菜的大叔和嬉戏的孩童。清晨，在村子里吃完早饭，路过这里，江风拂面，走在桥上时，空气中有一种很特别的水生植物的味道，它来自村里种的睡莲。和睡莲同属一科的还有菜市场里的一些湖鲜，它们和菜市场里的鱼虾、水芹、茭白、蒲菜等鲜物一起，凝聚成当地人的味觉标志。

菜市场里的"睡莲"

快入夏时是收获茭白的时节。茭白是菰被真菌感染后的特殊肉质茎秆,属于禾本科菰属。常见的有夏收和秋收的双季茭白,一般在农历五月和九月上市。绿油油的茭草绵延无际,人们不惧艰辛,埋头采收,只为此刻的鲜。刚上市的茭白肉质洁白,口感鲜嫩。趁着鲜得可以滴出水来时直接氽水凉拌,淋一些虾子酱油就很好;当然也可以油焖,轻轻剥去绿色叶鞘,不削皮,切成滚刀块后放入50摄氏度左右的热油锅中慢慢煎出焦糖色,随后加入酱油等焖煮到原汁附茭,甘鲜与浓郁兼得。万物皆可糟。将茭白顺着纤维拍剁后撕成长条状,并进行焯水处理。将葱、姜、八角、香叶、花椒等放入温水中浸泡30分钟左右待其释放出气味分子,然后将处理过后的香料加入1000毫升的纯净水和40克左右的糟卤调成的卤汁中,最后再将沥干水分的茭白浸入其中,糟三个小时以上便可深入茭髓。糟香深处,是水生之物之鲜爽。市场上还有一种野茭白,是菰的茎秆部未经真菌寄生的植株。野茭白的嫩心就是有时候会在一些私房菜馆里看见的"芦苇心",将从乡下采收上来的芦苇心和鸡蛋同炒,又或者和虾同煮,有淡淡的清香,是餐厅隐藏餐单中的一道美味。

水八仙里最常见的水芹,也叫水英,是伞形科水芹属的一种多年生草本植物。将白嫩的茎切成段,与市场里的鱼、虾、田螺、花蛤同炒,让人想起石臼湖旁绿茫茫的草甸,夏天要到了,石臼湖的丰水期就要来了。水芹也可以拿来腌菜或者凉拌,凉拌时可以保留些水芹翠绿的嫩叶用作装饰。

1 | 2
  | 3

2. 菜市场里的鸡头梗。
3. 腌成泡菜后中间的孔隙可以在装饰餐盘时当作天然花器。

    菜市场里还有许多睡莲科的时蔬，这是由此方水土孕育出来的风味。多生于湖塘浅水中的芡实，又称"鸡头米"，是睡莲科芡属植物。或加入酒酿一起酿煮，取谷物的清香与水生植物的清甜；或与百合成双入对，芡实一般用的是南芡，软糯弹牙，百合则当然是兰州的甜百合最佳。最好的鸡头米，都是用手一颗一颗剥出来的。鸡头米的花是妍丽的紫色，乍一眼望去和睡莲如出一辙。同样相似的还有鸡头米和睡莲的花梗。鸡头米的花梗就是鸡头菜，或者叫鸡头梗，在安徽一带又常被唤作"鸡柳梗"。和它难以分辨的热带睡莲花梗，则是一年四季可收。在菜市场里，两者经常被混为一谈。后来我的朋友总结了一个别出心裁且部分行之有效的辨认方法——从市场行为去推导。出现在菜市场的大多是鸡头梗，而出现在超市中的则多是睡莲的花梗，因为鸡头梗是收获鸡头米的副产品，而睡莲则属于高端蔬菜。鸡头梗可以辣炒也可以腌渍，切开之后的截面会展现出孔隙结构，是装饰餐盘时天然的花器。当然也可以选择直接吃！

    蒲菜在本地不多见，是香蒲科香蒲属植物，和它同科同属的还有云南菜市场里常见的建水草芽。只是蒲菜是香蒲的叶鞘基部抱合而成的假茎，吃的时候要去除外

1 | 2　1. 我在超市买的睡莲花梗。
　　　2. 淮安博物馆里的蒲菜。

边多孔柱状的硬皮，剥出里面的芯子，实属不易。我在淮安中国淮扬菜文化博物馆里吃到一盘当地名菜开洋蒲菜，用金钩虾米、猪油、鸡汤的鲜将亭亭玉立的蒲菜之鲜左右围合，让水生植物的甘鲜清甜卓然而立。小红书有位淮安的朋友还向我强烈推荐了蒲菜扇贝肉、蒲菜豆腐虾米汤，大家也不妨一试。

草芽则是香蒲匍匐于水下的长芽。从水田淤泥中到人间餐桌上，据说刚摘下的草芽需置于清水中保鲜，保证每根草芽都能吸收到水分，越早送上餐桌滋味越是鲜美。草芽凉拌、炒肉皆可。在沸水中氽烫的草芽，读秒出锅，放进肉汤，做成草芽汤，草芽淡淡的清甜与肉的浓郁醇香珠联璧合。

菜市场里还有标志着夏天来临的其他蔬菜，比如用来做南京乌饭包油条的乌饭叶。乌饭树又叫南烛，杜鹃花科越橘属，用乌饭树的叶子浸泡的糯米蒸出来的饭，就叫乌饭。将乌饭叶加水搅碎，静置半小时左右使叶汁和水融合，然后用纱布过滤出汁液，加入糯米，放入冰箱或者常温中浸泡一夜，第二天隔水蒸制半小时左右即可。吃的时候撒一层薄薄的白糖，放上油条裹起来，就是家庭版的乌饭包油条了。乌米饭也是立夏饭，吃完就是立夏了。人类从一片叶子中获取颜色，需要的并非老到的手法，而是十足的心力，如此才能收获它的款款风韵。

中国人的菜市场—江苏南京：石臼湖里的菜市场

1 | 3
2 | 4

1. 西双版纳菜市场里的草芽。
3. 漆桥老街的桥。

买点蔬菜苗带回家 |

看到路边有人卖蔬菜苗，我忍不住买了辣椒、茄子、番茄、空心菜带回去，种菜果然是中国人刻在骨子里的基因。而在这里，随着湖泊河流深刻于基因中并延续下来的东西，正连接着这里的方方面面，比如菜市场里的"百年老店"，又比如附近漆桥老街里的一座被保护起来的桥。

　　菜市场旁边的漆桥老街里有一座已经不再使用的桥。桥面简单朴素，在两旁苍翠的掩映下，越发显出古拙之气。古镇的居民以孔氏为主，村子活动中心里的孔子画像、孔氏宗祠、古碑、石臼，让人依稀可以窥见先祖的往昔。他们在南宋时便从北方迁到了此地，并繁衍下来。河流穿村而过，于是便有了桥。这是祖辈一直使用的桥，祖先们在桥上喝茶、纳凉、聊天。桥孔的弧度，让人想到江上的夕阳与明月，让后代将这段关于桥的记忆保存至今。

中国人的菜市场―江苏南京：石臼湖里的菜市场

进村的时候，村里的老人们在搓麻将、编箩筐、做买卖，他们三五成群地聊天，依旧维持着过去的生活节奏。铁匠铺锤声至今还在街区叮当回荡，手工豆腐作坊依然散发着清香，这些细碎的生活场景是古镇应该被珍视和记录的日常。我在镇上买了一个手工编织的菜篮子，才25元，编篮子的老人神情专注，像是倾注着守护后代的热情，就和这座桥一样。

1	2
	3	4

1. 扬州的桥头上都是买卖人。
2. 请记住这个菜篮子，以后它会在我的买菜日常中大有作为。
3. 老街的居民依旧维持着过去的生活节奏。
4. 看到这张寻人启事，当时想，"从前慢"日子也不错。

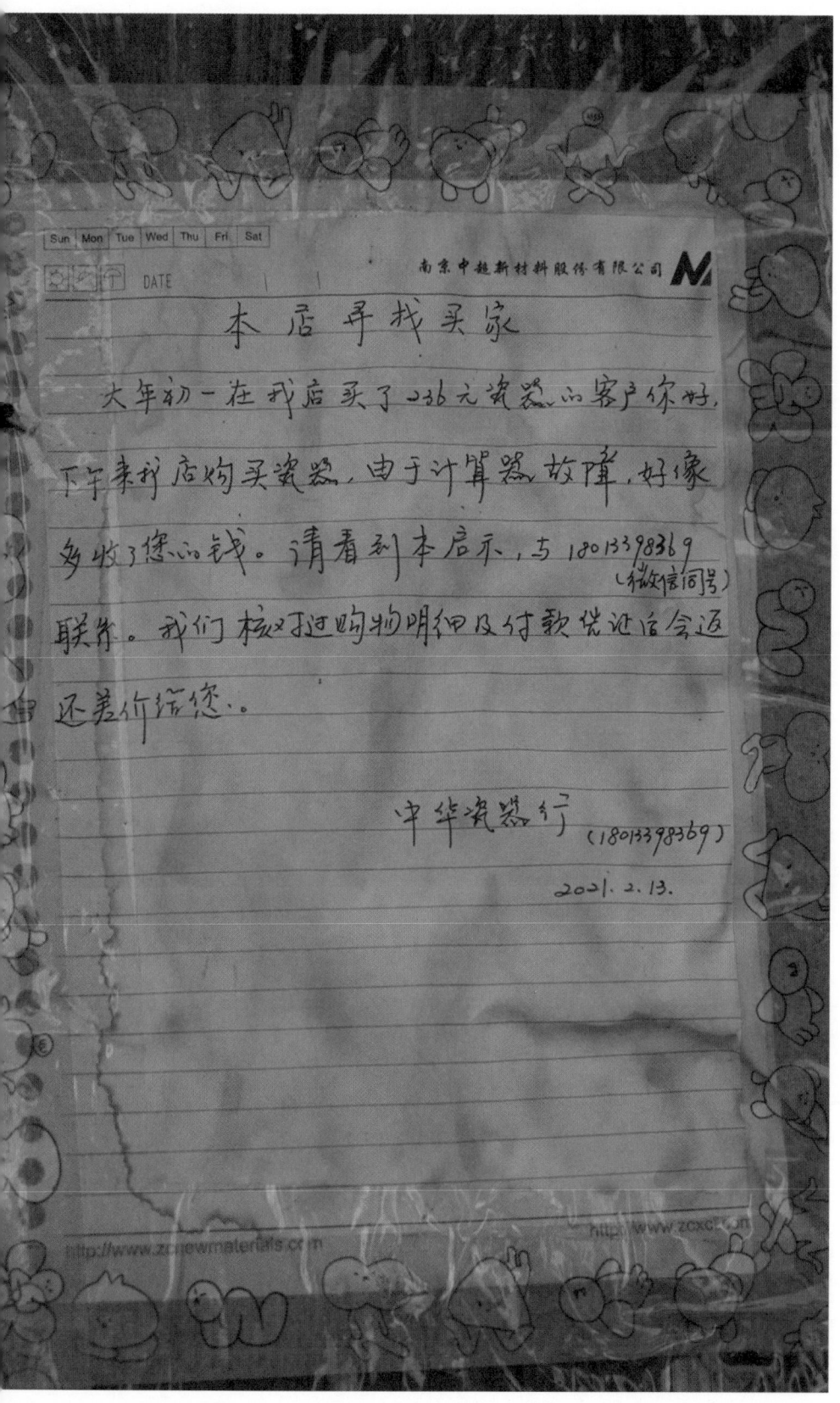

1	4	7
2	5	8
3	6	8

1-2. 诸家村"出菩萨"民俗活动。
3-8. 清明期间的祭祀活动与饭食。
（mArtAx 老师供图）

我又想起了诸家村的桥。从往昔的百舸争流到逐渐远离河流，桥面之下，一股看不见的暗涌让这里的宗族依然凝聚在一起，石臼湖依然浩渺千里，滋养着沿岸的万物。

09

安徽合肥：农夫市集

餐桌在香椿的香气中苏醒

中国人的菜市场——安徽合肥：农夫市集

农夫市集
餐桌在香椿的香气中苏醒

惊蛰过后的一个星期天,合肥某个小区里的染井吉野樱一夜花开,让我想起用白凉粉做的盐渍樱花水信玄饼。一同开放的还有结香和上海市花白玉兰。白玉兰食品是老上海的味道,新鲜的玉兰花也可以吃。去除花蕊,裹上一层薄薄的蛋液,炸至金黄酥松脆,就成了一道玉兰花天妇罗,蘸点白糖或撒上盐和胡椒粉,咸甜中隐约透着几许清新花香。还可以剁碎后放入鸡蛋,加盐和草果粉搅拌均匀后再用热油包裹。玉兰树枝丫交错,花苞繁盛,清丽的浅白中掩映着蓝蓝的天色。而玉兰花从开到落,满打满算也就十多天的时间,差不多刚到春分。春天留给我们大口吃花的时间不多了啊!

也是春分这一天,合肥的农夫市集负责人周波策划的第 109 期"新农人·农夫市集"开集了。熙攘的早市里,聚集了崔岗谷米田庄种植的头茬有机小叶春韭,长丰春景农场的贵妃鸡、珍珠鸡,铭传乡蛋鲜森的土鸡蛋,佳和美手工制作的麻油、芝麻酱,六安霍山山区里的黑猪肉,巢湖边长临河的藕、草头和胚芽米,得撒的手工豆腐,徽州的毛豆腐、臭鳜鱼、葛粉豆腐。这是安徽乡村的 30 多家小规模农场和手工作坊带来的本土食材。从 2015 年 6 月 6 日开集至今,这个农夫市集已经举办了 109 场。对于几乎每次必来的人来说,农夫市集是一个值得信任的熟人世界。

这种信任感并非一天两天就能建立,而是长期累积的结果。近 8 年的时间里,周波走访了安徽省的不下 1000 家小型农场和手工作坊,悉心挑选出其中的 100 多家,他们种的蔬菜就长在泥土里,他们养的鸡可以自由活动,他们的猪至少要养 10 个月,他们的水果不用膨大剂去催熟。在市集里,每一种食材都是凭借着对生命的尊重探索得来的。我问周波,市集上的产品的最大特点是什么?"那肯定是安全啊,"他说,"在安徽,在合肥,如果你关心食品安全,就应该知道农夫市集。"

$\frac{1\ |\ 3}{2}$ 2. 市集里购得的荠菜、火腿肉、茴香豆、酒酿、板栗豆腐、得撒手工豆腐。

香椿的香气唤醒餐桌丨

在市集里，人与食物随着节气更迭相遇。我买了香椿、荠菜、火腿肉、茴香豆、酒酿、板栗豆腐、得撒手工豆腐，回家和朋友相聚，来一口去年酿的青梅酒，喝到春风拂面、小河破冰，仿佛隔岸闻到香椿的味道。

到了生长季节，蔬菜迎着光和热就发出了嫩芽。春天市集里的香椿看似沉默，却竭尽全力地生长蜕变。1月份就在云南菜市场里现身的香椿，价格从刚开始200元/千克，伴随一路攀爬的温度开始回落，变得亲民起来。此时也是香椿谷氨酸含量最丰富的时候。买回家做凉拌香椿葛

粉豆腐，再焖一锅密蒙花糟辣香椿饭，吃不完的就封成香椿油保存起来，等到下次吃米线的时候倒一些进去，再撒一点木姜子油，味觉在香椿带来的香气中苏醒。

市集里还有荠菜、春韭、洋槐花、芦蒿、草头、野蒜、五加皮、春笋这些春天限定的风物。春韭是今年头茬的有机小叶春韾，放一点虾皮清炒就很好。荠菜也称地菜，南方一些地区有"三月三，煮地菜"的风俗。一家农场主捎带的野荠菜出现在市集的时候还带着湿湿的泥土香。旁边的摊位上正好有羊肚菌，可以抓上一把，学我的朋友喃猫，做一锅荠菜羊肚菌饭。山野植物的嫩与氨基酸之鲜碰撞时，没有一个倒春寒不可逾越。

同样鲜美的时令蔬菜还有小花苞们鼓鼓囊囊的洋槐花和一摊尽显"城春草木深"的芦蒿。洋槐花最好吃的时候是花苞待开时，

可以炒鸡蛋、做比萨，也可以晒干做洋槐花蒸虾，这是很多本地人小时候的味觉记忆，发源于合肥的安徽快餐品牌"老乡鸡"早年的餐单里就有这道菜。我吃槐花的时候经常怀念起小时候在槐树下，细数着从树叶中一丝一丝漏下来的日光的快乐。走的时候再捋一把叶子回家凉拌。

"蒌蒿满地芦芽短"的"蒌蒿"，说的就是这种菊科蒿属的芦蒿。用这种多年生的草本植物炒鱿鱼，植物和海鲜以各自的清新迎接"正是河豚欲上时"。卖芦蒿的阿姨手脚麻利地塞了一大袋给我，仿佛我是家里有10口人的大户人家。去旁边买黑猪肉，才发现摊位上的肋排早早就被熟客在线上预订一空了。对于市集的常客们来说，这是一个熟人的世界，熟人买菜，打声招呼的事。

市集里的藕是在春水浩荡的长临河沿

中国人的菜市场｜安徽合肥：农夫市集

岸生长起来的粉藕。种藕人名叫孙致东，大家都亲切地称呼他"庄主"。夏天卖藕的时候，庄主还会带上一篓荷叶、荷花、莲蓬。一身泥泞的藕用荷叶裹、竹篓藏。赶早来市集的人，还有荷花可以赏。有一些时刻我感觉他有些深藏不露，和藕一样。有时候，荸荠、慈姑和荔浦芋头会齐齐现身于他的摊位上。荸荠和芋头一起煮糖水，不用放任何食糖，有一股闯进人心的天然清甜，这是来自水与土的馈赠。

旁边的摊位来自徽州，售卖的是腌制与发酵风味的食品。粗略一看，有黄山火腿、刀板香、毛豆腐腐乳、甜酒酿和鸭脚板，还有荠菜春卷和板栗豆腐、茴香豆、葛粉豆腐。板栗豆腐是用板栗粉做的。鲁迅笔下孔乙己爱吃的茴香豆，其实是绍兴有名的"过酒坯"（下酒菜），到了市集里，就成了我的小零嘴。问了下摊主，茴香豆制作起来也很方便，只需要用到干蚕豆、盐和少许茴香，准确地说是八

角茴香，也就是我们惯常见到的八角。含有反式茴香脑的八角的参与让茴香豆鲜中带甜，甜而透香，越嚼越有滋味。用纯葛粉制成的葛粉豆腐则要经过两次漂洗、干燥、打浆、糊化、两次老化等多道工序，才可以被用来炒腊肉，或者焯水后凉拌香椿。水煮沸后，将切成片状的葛粉豆腐放入其中，煮至透明时便可捞出，加入香椿和香椿油，再放一点佳和美的手工小磨麻油。当富含谷氨酸的乔木嫩芽与饱含淀粉的块茎相遇，鲜与甜就都在这一盘里了。

1|2|3

　　一大缸的甜酒酿,买上一碗就行,大概15元,经常搭着汤圆一起卖;一盒新鲜的荠菜春卷,回家要油煎,10元;面藕被撒上香菜碎和芝麻油招揽来往客人,才5元;至于新鲜的蔬菜,多在5~10块钱。花100元很快就装满了一菜篮子,有时候市集里还会有满100元送酱油、送鸡蛋的活动,菜篮子更加充盈了……

　　人们在这里和种植者、养殖者、手作者面对面地交流,理解每一种食物经历的四季流转、命运更迭,油然而生的,是一种共同命运下的惺惺相惜。市集结束后就是摊主之间的食材互换时间了。你从我家拿点猪肝、五花肉,我从你家拿瓶米酒,有时生意不好,就全靠摊主之间互相捧场。又或者相约去小酌一番,各家留点菜,就撑起了一张餐桌。谁做饭不用担心,市集里最不缺的就是卧虎藏龙的大厨。酒足饭饱,各回各庄。

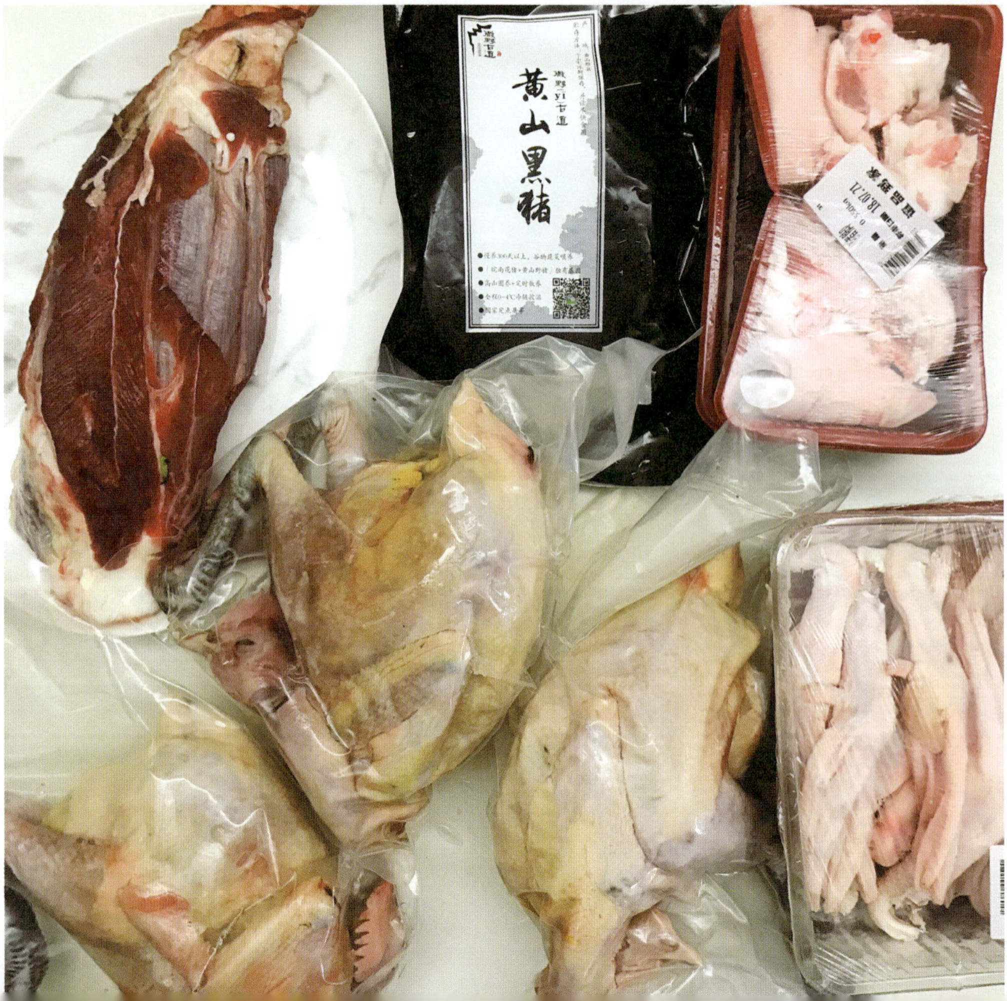

中国人的菜市场—安徽合肥：农夫市集

244

1. 周波拜访市集里的小农场稻田。
2. 小规模养殖的牛场。
3. 小规模猪场,存栏数百头。
4. 小规模葡萄园。

农夫市集里的小规模农场

对于从大城市急流勇退、回到故土的市集创办人周波来说,站在他身后、让市集一直可以持续的,是市集里的一百多家从事生态农业的小农场和制作无添加食物的手工作坊。它们的经营者从安徽各个村镇而来,市集结束后又在暮色四合中回到自己的乡土。

开始做市集后,近8年的时间,周波去过不下1000家小型农场,泡在每一位农场主的田间与地头。他路过田野、溪流、湖泊,听到过孩子银铃般的笑声、牛羊的戏水声、镰刀割稻穗的咔咔声、柴火燃起的哔啵声,仿佛回到了小时候。什么时候这家嫁接了新品种的梨子,什么时候那家的粉玉和火龙果上市了,什么时候猪出栏了,这些鸡毛蒜皮的事都被他完整地记录在手机里。每一个农场对于他来说都不只是一个模糊的地点或名称,而是它的栽培方式,以及照料它的人。在这片乡土上,他重新锚定了人生方向,寻找到了完整充实又可自我掌控的充满蓬勃生命力的生活。

和周波一样回到故乡创业的青年还有市集里的其他农场主。他们中有毕业于中国科技大学、安徽大学、安徽农业大学或留学归来的，也有在他乡辗转后落脚于此的。他们选择住在乡村，和土地打起了交道。杨祠村皖园农场的农场主梁煜从复旦大学行政管理专业毕业后，回家养起了肉鸡、蛋鸡、龙虾。用他的话说，知识确实有用，喂鸡喂得不错。双马生态农场的农场主朱硕阳是合肥工业大学生物工程专业的本科毕业生，他家的鸽子用来清炖或者做成醉鸽都很好吃。这位90后头上的白发数量甚至已经超过了很多年长者。但是只要出现在市集里，他就一直乐呵呵地卖

着他的鸽子。谷米田庄将烘烤型红薯"烟薯蜜"和粉糯香甜的蒸煮型红薯"板栗蜜"做成了口感特别好的红薯粉丝，八成的板栗蜜粉，两成的烟薯蜜粉。他拒绝了专业人士提出的提纯红薯淀粉的建议，与其说是初心使然，不如说是敝帚自珍。毕竟是从挖垄沟、扦插红薯苗开始看着它们一天天长大的，他想为喜欢的红薯保留下来的不只是淀粉，还有它们天然的色素、糖分、香气与纤维含量，是红薯的一种复合味道。回到故乡创业的他们，在大时代的主旋律中留下了音符。他们真正回到了故乡，琐碎辛劳却又踏实幸福，既安置了自己，也丰富了市集。

土壤是培育时蔬瓜果的根基。对于周波来说，之所以不愿意从大型农场选品，就是因为大规模种植一般都会使用农药化肥，否则无法管理。长期大量地施用化学农药、肥料以及除草剂，不仅污染了环境，破坏了土壤，也会导致农产品的质量逐年下滑。紫藤渐开的时候，马郢情圆农场负责人孙阳阳的第二批网纹甜瓜开始了迁徙的脚步，5月中旬就是品瓜的时候了。甜瓜是黄瓜的近亲，两者都带有一点青草气，但是甜瓜散发的浓郁香气还来自200种以上酯类物质的交融碰撞。当一颗读蔬农场的网纹甜瓜碰上黄山的可生食火腿，就是甜与咸交手的风云时刻了。农场里还有甜瓜的远亲西瓜。和农夫市集承诺的一样，它是不打除草剂和膨大剂的，吃起来是小时候的味道。其实读蔬农场里好吃的还有蔬菜，冬天时摘了一颗包心菜，甜丝丝。从外地来到这片乡土创业的孙阳阳在这里完成了自己的婚礼，还开启了直播卖菜之路。农场里一年四季都有新农活，日子很忙，但充实而具体。

市集之外，这片乡土从未封闭，正在连接着更广阔的世界。很多农场主都加入了电商，开始直播带货。而农夫市集也早在2017年6月6日就开通了生鲜电商。在线上的市集里，农场主与消费者再次相逢。当天上线的第一个产品是雨水后的春笋，此时春笋水分含量高，可以拿来做油焖笋、腌笃鲜和卤制笋。

回到乡村 |

和四季一样流转的除了市集里的风物，还有开集的地址。这次的开集地选在九华山路与宁国南路交会口附近的庐州坊，这是一个以宋代仿古建筑群落为载体打造的休闲街区，皖南、皖北、皖中风情在此汇集。负一层也有一个菜市场，叫九华山路菜市场。里面有溧阳白芹、马兰头、鸡毛菜，看起来也都很是新鲜可爱。我还在里面买了椒麻鸡，吃了一盘又一盘的荸荠！

还有一次，开集地点设在位于合肥市中心的安徽农业大学里。校园里的樟树、梧桐和榉树树冠阔大，葱葱郁郁，枝条密匝匝地遮盖了天空。在繁茂的一片叶簇下，乡村与城市、人与食物在市集中相逢与相识。有时候市集则设在合肥周边的农村，比如马郢。我问马郢乡旅合作社社长王义强村里是什么样，有什么好玩的，然后他就发了几张村里平时的文娱活动的图片。那一刻我大概懂得了市集的蓬勃朝气所在。在市集之外，在更为广阔的农村，许多人找到舞台，拥有了更多选择机会。

农夫市集开集后的两天，更远处的上海发布了高铁全部停运的公告。然而没有一个倒春寒不可逾越，白玉兰依旧定时守信，下个周末就是春分！

1 | 2
   | 3

安徽铜陵：大通古镇

都说这里的江豚需要保护，姜也是啊

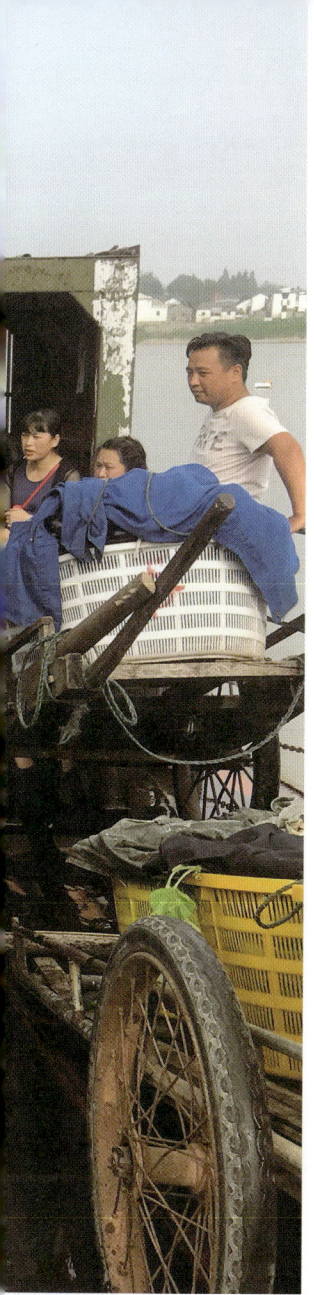

大通古镇
都说这里的江豚需要保护,姜也是啊

位于长江南岸的铜陵市西南部的大通古镇,是一座始建于宋代,拥有千年历史的徽州古镇。长江在这里拐弯,将大通古镇一分为二,可以想象当年商贸之繁华。如今的古镇,一边是在柴米油盐中延续着自然与时间的澜溪老街;一边是因江水而生,隐匿于鹊江西岸的江心洲——和悦洲。和悦洲四面环水,似一片荷叶漂浮于大江之上、天地之间。它曾因江而兴,清末民初被称为"小上海",是大通成为"安徽四大商埠"之一的重要原因。洲上现在还有曾经和悦街三街十三巷的历史街区遗址。与此同时,它也是专门的蔬菜种植基地和长江淡水豚自然保护区。有一次

1. "鹊江"大致来说是指铜陵大通至芜湖繁昌县三山镇这一江段,本地人习惯将其专指大通镇境内的长江南岸与江心洲"和悦洲"之间的长江支流。

我看完江豚回到镇上已经下午五点多，镇上家家都氤氲着饭菜的热香，晚上七点过后，明月在天，人影在地。

每次去古镇都是满载而归。说是去看江豚，最后都提着一篮子的鲜鱼、水菜回家。江水给这座古镇带来了关于鲜的气息，使之成为这里重要的味觉标志。澜溪老街与和悦洲之间由和悦洲古渡口连接往来。天气还有些许炎热，从和悦洲驶回的轮渡上，船上的人买来同船农家筐篮里的新鲜黄瓜解渴，啃上一口，脆嫩中包裹着鲜甜，再买几根回去做泡嫩瓜吧。想起《日课》中那句："农人早起，挑菜两篮，出门卖菜。"跟拉着一车黄瓜的板车来到

菜市场，喧闹中泛着生活的乐趣，菜市场里有豇豆、南瓜、瓠子这些应季蔬菜，还飘浮着嫩姜的香气。古镇里不只有江豚，还有已被认定为国家地理标志保护产品的铜陵白姜，都说这里的江豚需要保护，其实姜也是啊。

1|2|3　1. 我跟着他的板车走了好久，黄瓜太好吃了。
2. 菜市场里的菜以本地批发为主，很少零售。

从江水中生长出来的鲜

立冬前的一天，下午一点半左右，大通古镇澜溪老街上的和悦洲古渡口，江面上的轮渡载着来自和悦洲的几大板车新鲜时令水菜徐徐驶来。当这些尚氤氲着水汽、素面朝天的鲜物来到老街里的菜市场，因农作而生的时蔬之鲜就成了大通古镇重要的味觉印记。不知道是不是因为充满玄妙的水土之说，即使仅隔着一条江，两边种出来的蔬菜风味也是天差地别。食物与水土，果然是难分难舍又彼此成全。

此时是绿叶蔬菜缺乏的时候，也正是娉娉袅袅的水芹款款登场之时。内心宽阔的水芹慷慨地打开胸襟，接纳所有，可以加盐凉拌，也可以炒本地的酱肉、牛肉、香干，送去一抹清新。这里的蔬菜以批发售卖给本地或外地的商户为主，也有一些农家种植的应季时蔬，比如一篮尚沾带着泥土的胡萝卜，直接用水冲洗即可，用刷子等工具反而会损伤表皮。和所有根茎类时蔬一样，加热胡萝卜时从冷水煮起，用低温慢慢加热，便能品尝到最甜的滋味。

又比如一盘清爽回甘的凉拌莴笋。菊科莴苣属的莴苣此时含水量极高，适合用盐腌渍凉拌。莴苣切成细丝，均匀地撒上一茶勺盐，反复摇晃后再均匀加上一茶勺盐，随后静置10~20分钟。在渗透作用下，盐深入蔬菜中心，一番你来我往后，将其中的水分带出。如果太咸，可以用凉水将莴苣稍微漂洗去除盐分，然后用厨房纸擦干。随后淋入几勺虾子酱油，或再加上鱼露、青柠汁等与之做伴。

中国人的菜市场—安徽铜陵：大通古镇

1.山礼供图。

伴随着因江水而生的极致的鲜,古镇也诞生了一系列浓缩鲜味的豆制品。在大通,光是简单的豆制品,就能从大菜吃到小吃,种类繁多。古镇的老街上有一家"二周豆腐坊",他家手工制作的酱油豆腐干越嚼滋味越醇厚。豆腐经过压制、脱水,变成风味更加浓缩的豆腐干。来自豆科植物中的植物蛋白被分解为氨基酸,当它们与本地手工酿造的酱油带来的发酵之鲜风味叠加时,令人无法抗拒。

附近还有"家富手磨辣椒糊",是用传统的手磨工艺制成。几乎每个地方都有自己的辣椒酱,但工艺会有细微差别。细细研磨鲜辣椒,伴随着磨扇的转动,其由磨膛向四周均匀分流。这种研磨方式,最大限度地阻绝了空气的介入,使氧气对食材的影响降至最低,也让磨好的辣椒糊最大范围地保留了生成的各种芳香物质。

古镇的鲜味印记还来自这里的江鲜。闲庭信步于古镇老街,迎面看见有炸毛花鱼的。在热油中翻滚的毛花鱼,本地人以前也称作"刨花鱼"。鱼身纤细略薄,适合油炸。放入热油中翻滚,炸至表皮香酥,撕开鱼肉尝一口,内里依然香嫩。这种小杂鱼滋味鲜美,又容易捕获,是本地人最熟悉的江鲜。江河湖泊密布的古镇,东海的海潮溯江而上时,洄游的鱼类沿江溯游至此产卵,这使得大通江段水产丰饶,带来了鱼、虾、蟹等数不尽的江鲜,也带来了渔猎的生活传统。这里的居民起先以捕鱼维生,家家都有一艘木船。转移到陆上谋生后,那些流淌在血液里的鲜味印记,让他们继续与江鲜保持联系,同时发明了关于江鲜的各种吃法。

点一锅鮠鱼炖豆腐,炖到动、植物蛋白彼此浸透,汤汁呈现浓稠的奶白色,散发出浓郁甘鲜的滋味。红烧鱼三宝,即鱼肠、鱼子、鱼鳔组成的"吉祥三宝",以酱油土法红烧,朴实无华又百搭下饭。长江进入禁捕期后,很多江鲜很难从自然水域获得,要实现鲜味延续,只能人工养殖和干预,不断使养殖的江鲜更接近野生,让人类可以继续在江鲜之味里徜徉。

中国人的菜市场｜安徽铜陵：大通古镇

在古镇里，动物蛋白和植物蛋白有着相似的命运轨迹。人类留下鲜味，以盐为工具，用腌渍或发酵等方式，以时间对抗时间。寒冬腊月时干燥少雨，最适合制作腊味。鱼肉鲜嫩，最好选用细盐均匀地揉搓鱼身内外，盐通过渗透作用渗入鱼肉，让鱼肉更加紧实的同时，也去除了其中的血水。再以阳光为风味催化剂，让干燥和腌渍交叉联结，再经过时间的点化，积累的风味越来越丰富，仿佛蕴藏着古镇中海陆变迁的痕迹。

林大姐十几年前从浙江嫁过来，还带来了那边的酱肉。她不无骄傲地说她是这里第一个做这种酱肉的。选取肥瘦适中的五花肉，肌红脂白，只用酱油腌渍调味。肉是新鲜黑毛猪肉，酱油是本地手工酿造的头道酱油，不用加糖，经过 3 天腌制 4 天日晒 5 天风干就制成了，图省事时放在白米饭上蒸着吃，也可以在菜市场里买一把脆葱炒着吃，葱的清甜与酱肉的咸鲜交融相济。和古镇一样，一些食物讲究新鲜，一些食物仍旧古老。

古老的古镇街面是少见的开阔老街（最窄处达7米以上），临街多是清代中后期及民国的建筑，青砖黛瓦、马头墙的徽派建筑门面房。地面铺着罕见的浅红色四方石（非长条石）。可能在近百年的时间里，这里沿江而居的人们在生活中慢慢去感受和摸索，不断调整和周边山水的关系。古镇袒露着自己的过去，把关于它的记忆刻于红春理发店斑驳的梳妆台、古老的条凳和石碑、清朝的剃须刀上，也写在宋氏杂货铺里、夏洪兴的老秤上。

中国人的菜市场—安徽铜陵：大通古镇

  和做秤人从不会让秤短斤少两一样，继承祖辈手艺成为家族第四代制姜人，正在从事着白姜种植事业的新姜农"姜四代"和我说："种植白姜的技法已经延续两千多年，重要的秘诀就是认真种地，不得有丝毫偷懒。"

  立冬这一天，也是铜陵白姜的原产地及贡姜产地大通镇大院村"佘家大院"里的姜种"上姜阁"的日子，它们即将在这个由许多木板组成的姜阁里度过近五个月的烟熏火燎的育种期。这是全世界唯一一种既可以保温又可以催芽的育种技法，已经延续了几千年。而到了9月份，地里的中稻黄了，这座城市又会飘起姜香味。古镇的每家每户开始做起糖醋姜、酱姜，还有直接用糖渍的糖冰姜。鲜姜肉质脆嫩，汁多渣少，香味馥郁，早上一杯茶、一碟白姜、一碟糕点，是这里的早餐标配之一。

奔流不息的江水，让江豚在此栖息。经年累月的反复淬炼，让一门技艺在此代代流传。都说这里的江豚需要保护，其实，需要保护的还有这里的姜啊。风土之味的承与续，既在追溯传统，也没停止过求索探新，为的正是世代的赓续与持有。

$\frac{1}{2}$

1.《江豚喷水》（摄影师：许勇），2019 年 3 月 31 日拍摄于安徽省铜陵白鳍豚保护区。喷水是江豚捕鱼的战术，用这种方式将鱼群驱散，然后趁乱追踪，提高了捕鱼的成功率。江豚生活在长江中，是国家一级保护动物。因数量稀少而被誉为"水中大熊猫"，是世界自然基金会确定的 13 个全球旗舰物种之一。这种有着天然"微笑"表情的可爱生物，据科学家估计现存数量只有 1000 只，比大熊猫还要稀少。

2.《江豚与江鸥》（摄影师：许勇）。

11

安徽崔岗：在家里开的市集

从城市到乡村

1|2

在家里开的市集
从城市到乡村

  暮春三月，莺飞草长。紫花地丁开了，这是一种很常见的堇菜科多年生草本植物。它们丛丛簇簇地在草堆里跃出，充满朝气蓬勃之美。每一朵紫花地丁都有五片紫色的花瓣，其中一片还拖着一根小尾巴，这个小尾巴叫作花距，里面藏着紫花地丁的蜜腺，蜜蜂等小昆虫就是被这芳香的花蜜吸引至此。紫花地丁可以食用，也可入药。用开水迅速焯烫一下它的幼苗和（或）嫩茎，捞出后再用冷水浸泡几分钟，沥干后便可以和沙松尖一同凉拌，或者做汤、炸天妇罗。听说它还有清热解毒的功效。

  紫花地丁争相开放的时节，一个风和日丽的日子里，从南方飞回来的候鸟鸣于山间。这鸟鸣声里，似乎藏着它们收集的天南海北声音、飞过的城市和村庄、掠过的山风、越过的潺潺流水及遇见的人。也在同一天，原创独立设计师品牌 Thusness 的主理人晓璐正在忙碌地进行"倾听春天的声音"主题春装的拍摄，刚采摘下来的紫花地丁、苔藓、草头及雪柳也被用来构建这一处春日的秘密花境。等这一场拍摄结束，她准备去参加崔岗艺术村的小艾力家里举办的一场春日市集。在那里，她会听到许多春天的声音，每一种声音都清清楚楚，甚至能听出形状、颜色和温度。这些比安静更加柔软的大自然的声响，在她的心中掀起一层涟漪，让她觉得生活之所以始终有希望，是因为春天永远会来，花总是会开。

侧耳倾听时 |

小艾力家坐落于距离合肥城区 30 分钟车程的崔岗艺术村。这里有最美乡村公路、三国遗址公园、蜿蜒而过的滁河干渠、爬满蔷薇的艺术工坊、慢趴客栈、崔岗当代艺术馆、自由生长的花海以及晨烟与暮霭。暮春三月的清晨，晨雾一点点散开，粉金色的晨光从天边开始由浓到浅地染上整个村子，最后落入小艾力家的一片黄色木香墙上。有燕子在屋檐下筑巢，侧耳倾听，它们发出彼此应和的歌声。在鸟鸣花放中醒来的小艾力心情也不免跟着荡漾起来，各种计划，各种愿望、想法纷至沓来。她准备摘点院子里的紫藤和洋槐花，然后再去村子后面的小森林挖点春笋，明天她要在家里举办一场春日市集。

春天，村子周边被漫山遍野的新绿笼罩，村后茂密树林的缝隙处，长有来自禾本家族的春笋，这是竹子的嫩茎，它们一直在泥土中默默生长，于平静中蕴藏着力量，最终在春天的一场雨后破土而出。在笋子中间划开一刀，剥掉壳，切法和加热方式根据春笋所处的生长阶段而定。可以切成长段，也可以切滚刀块，切断纤维的同时，增加截面的受热面积。此时的春笋含水量极高，较为鲜嫩，放入沸水中煮 30 秒左右即可去除涩味，鲜笋的粗纤维和清香味道也得以保留。按照美食博主的保存方法，可将捞出沥干的春笋放入密封袋中，再浇几勺凉透的余笋的水，水量以没过春笋为宜。随后放入冰箱冷藏室保存。据说在 4 摄氏度的环境下冷藏可保存 1 周，0 摄氏度环境下可以保存 2 周。可

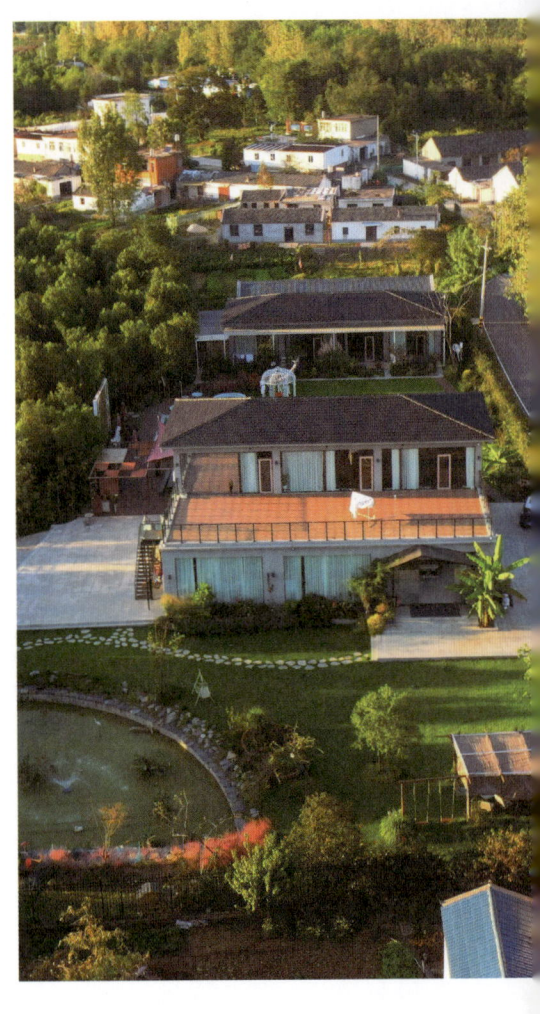

1 | 2

1. 坐落于中央的小艾力家。（本图由旌阳拍摄）
2. 小艾力家的黄木香开了。

中国人的菜市场—安徽崔岗：在家里开的市集

以用来做油焖笋,也可以做腌笃鲜。

　　摘完笋的小艾力准备再采些紫藤和洋槐花,她要为明天的市集做一些紫藤饼。此时院子里的紫藤和洋槐在春风的照拂下花枝乱颤,风声中还有细微的虫鸣。将摘下的紫藤花苞置于水中,撒入食盐后浸泡一小时左右,随后进行焯水处理,留住这春天的鲜与甜,捞出后放入冰水中降温固色,最后再与白砂糖一起拌匀,紫藤饼中的内馅就准备好了。咬开一个紫藤饼,香气缥缈又清新。就这样,小艾力被这些春天的时令之鲜包围起来。

中国人的菜市场——安徽崔岗：在家里开的市集

开集了，这是小艾力在家里举办的第四期主题市集，每个月的第二个周日通常是市集的举办日。这一期的主题是"四个春天"。她邀请了当地的农场主、手工制作者及一些原创品牌的主理人加入市集中来。早上，还未到开集时间，有微雨落下的声音，院子笼罩在烟雨朦胧之中，泛起一层微微的草绿色。从这春天的新绿枝叶和繁花中间走过的小艾力，顶着一头氤氲的水汽。等摊主们都到齐时，天公开始作美，云销雨霁。参加市集的人嗅着院中的花香，满耳是蜜蜂的嗡嗡声和热闹的人声。弥漫在空气中的还有窑炉烤苋香鸡的香味。苋香鸡是一种吃苋草长大的鸡，鲜嫩多汁，富含胶质；苋草则是苋科苋属一年生粮饲兼备的草本植物，籽粒苋家族中的佼佼者。今天市集里有摊主做黑松露烤苋香鸡。提前将黑松露切片，混合橄榄油抹在鸡皮与鸡肉之间，腌足整整一晚，让鸡肉吸足黑松露的独特香气。第二天用窑炉烤到外酥里嫩，香气四溢。烤鸡摊前瞬间排起了长队。

中国人的菜市场—安徽崔岗：在家里开的市集

283

1|2

到了风和日暖的中午,市集里的绿叶蔬菜翠生生的,仿佛要滴出水来,光和影也跟着交错生辉。市集上的萝卜、西蓝花、草莓、芹菜等果蔬来自崔岗周边的小规模农场。在市集中,大家愿意信任小规模农场里的食材。樱桃萝卜的根部尚带着泥土,萝卜缨下没有秘密,连一个虫洞、一个印记长在哪里,都被看得一清二楚。在城市生活越加远离自然造物的时候,小规模农场里的蔬菜却保留了风雨侵袭与自然变幻的印记。

市集里还有卖咖啡的摊主,咖啡入口微酸,花果香与醇厚度相当平衡。咖啡在口腔里流动的声音,让人想起一棵咖啡树。或许人类最先喜欢上的是咖啡树鲜甜的果实,但最后风靡全球的却是带有苦味的种子。或者是因为这才是世界真实的底色。世界很大,问题很多,我们每个人都很渺小。万物皆有伤心事,不是你,也不是我,是所有人。

小艾力提前做好的紫藤饼和鲜花饼干也颇受欢迎,摊位上负责迎来送往的是她

的两位小天使。风一来，院子里的花簌簌落下，拂过头顶、脖子、肩头，再掉到地上。掉落时的声音极像儿时夜晚露水落下的声音，携着一瞬的力量和芬芳。淡然零落的花，又化作春泥，把微风、春光、养分以及空间留给枝叶。紫藤和洋槐盛开的时候，院子里的手球开始吐蕊，滔滔花海就像接力一样，从屋前到屋后一层层如波浪般席卷而上，带来春天斑斓的色彩。

到了晚上,这里则变成了烧烤摊加小酒馆。烤肉在烤盘里嗞嗞作响。大家聊着不着边际的闲话,喝着青梅酒。此时的青梅早已褪去青涩的模样,在时间的作用下,果实当中的大量柠檬酸为酒带来四溢的芳香和酸甜的口感。梅酒倒入杯中的声音,让小艾力想起浇花时水透过泥土的缝隙发出的淅淅沥沥的声音。夜晚的院子里弥漫着些许春天潮湿的雾气,夹杂着风吹来的蔷薇花香,眼前的点点灯光仿佛是触手可及的星星。灯光渐隐,她和来参加市集的朋友们一样,聆听着这许多来自春天的声音。或许只有内心足够安静,才会去留意那些很细微的声音和感动。

中国人的菜市场—安徽崔岗：在家里开的市集

盛夏闭市日 |

到了夏天，树木生出浓重的绿，蝉鸣声占领了整个院子。此时市集上最受欢迎的是来自周边小规模农场里的西瓜。这些西瓜不打催熟剂、膨大剂，像小时候常吃的那种，质地松软，甜中带鲜。西瓜瓤是红色的，这是能抗氧化的番茄红素的颜色。西瓜的果肉不仅可以直接吃，也可以拿来腌渍，果皮则可以炒食，西瓜子烘焙后可以磨成粉做菜或者饮料。夏日的市集上，买一个西瓜回去冰镇，就像汪曾祺先生说的，"一刀下去，咔嚓有声，凉气四溢，连眼睛都是凉的"。

中国人的菜市场—安徽崔岗：在家里开的市集

1 | 2 | 4
  | 3 | 5

　到了芒种之后，稻田收割完毕，崔岗村里的农场送来刚刚烘好的当季新米，小艾力喜欢新米原汁原味的清香。看到院里番茄已然结实累累，她准备摘一些，混合百里香、迷迭香、鼠尾草来做荷叶鸡。此时是夏天最热的时候，也是市集闭市的时候。之后小艾力的美食课程就要开始了。几年前，从法国雷诺特厨艺学院毕业后，师从十几位法国甜点 MOF（Meilleur Ouvrier de France）大师的她回到家乡，又从城市迁往乡村，搬到了崔岗，在这里建造了一个家。在这座占地 2800 平方米的园子里，不仅有夏日泳池、花园民宿、摄影教室，还有一个近百平方米的专业烘焙教学空间，她在这里教学员们做法式甜点、面包、西餐。但更多时候，她的镜头都落在村里美好的日常细节里，在平静丰盈的环境下，生活没有答案，生活处处是答案。

中国人的菜市场—安徽崔岗：在家里开的市集

1|2

柠檬散发出清新果香的时候，Joseph老师来到小艾力家教大家做东南亚料理。Joseph老师曾在日本蓝带学习制作高级西式料理，常年游走于欧洲，他从小艾力的院子里摘了柠檬叶、香茅和罗勒，准备做冬阴功汤。他告诉学员"冬阴"代表着酸辣，而"功"则指的是虾，冬阴功汤就是酸辣虾汤。它最大的特点是各种香味分子碰撞交融后给味蕾带来的层次丰富的刺激。做绿咖喱冬阴功汤时，先用黄油将绿咖喱爆香，再加入椰浆，为这道菜增添一抹浓郁的椰果香，同时抵消部分咖喱的辣，最后加入罗勒和柠檬叶。虽然百香争艳，但各擅胜场，既突破了单一味道的束缚，又让每一种味道都跃然于口。香茅则用它沁人心脾的柠檬香气和隐约的胡椒味，让青柠的清新与咖喱的热烈携起手来。

此时梨子也熟了，鲜脆多汁，一口咬下，沙沙的，这是因为它富含带沙质的"石细胞"。小艾力在雷诺特的校友Julien也来到小艾力家。教学之余，他们去滁河干渠摸鱼并沉浸其中；去周边农场摘菜，看田地间的农人耕耘；骑着摩托行驶在乡间的小路上，和河流在一起，和云在一起，和季节在一起。

候鸟南飞时 |

　　从白露到霜降,田野由结穗时的浓绿变成收割前灿烂的金黄。崔岗村的路边开满了波斯菊、百日草,花海中偶尔还能见到紫色的鼠尾草。此时正值最美妙的秋季,这次市集的主题是"二手交换市集"。市集举办当天,前来参加的人聆听了一场秋天的演唱会。

　　当小艾力看见候鸟再次南飞之时,想起契诃夫在小说《醋栗》里的那段话:"你们知道,只要人一辈子钓过一次鲈鱼,或者在秋天见过一次鸫鸟南飞,瞧着它们在晴朗而凉快的日子里怎样成群飞过村庄,那他就再也不能做一个城里人,他会一直到死都苦苦地盼望自由的生活。"残破的枝干上终究会发出新芽,候鸟也会再次南飞。希望大家都能从自然中汲取更多的力量。

湖南长沙：荷花池菜市场

江湖小岁月

中国人的菜市场｜湖南长沙：荷花池菜市场

298

荷花池菜市场
江湖小岁月

　　传说天上二十八宿中的轸宿旁边有一颗长沙星，映在人间，便有了长沙城。7月底大暑日，挎着菜篮子来到这座印在星河大地上的城市，湘江穿城而过，水流平缓，滔滔向北，接纳着浏阳河、捞刀河等支流，最终汇入洞庭湖。江湖塑造了长沙，长沙融入了江湖，一同融入江湖的，还有这座鱼米之乡的菜市场。最市井的风味在这里往来奔走，与江湖共进退。长沙不仅有"茶颜悦色"，还有荷花池里的"江湖小岁月"。

江湖之味 I

  大暑，一年中最热的一天，去逛位于蔡锷北路的荷花池菜市场。这是长沙老城区最负盛名的老牌菜市场之一。我发了一条朋友圈："这个温度，一起来逛菜市场的，都是生死之交。"长沙位于冲积盆地，东、西、南三面的高山阻隔了东、南海洋季风的调节，这里是我国夏季"四大火炉"之一。这种溽热需要一把浑圆脆弹又清甜回甘的中国第一莲子——湘莲才能去除。莲子是夏天的恩物，逛热了可以买上一袋当水果吃。这时候的莲蓬身形饱满，莲子清甜，莲心微微带着些苦。吃不完的冰冻起来，冬天就可以喝到甜甜的莲子汤了。长沙人喜欢"恰"（吃）、懂得"恰"、讲究"恰"，取自山河湖区的莲藕，什么藕用来做什么，白纸黑字，不容僭越。荷花池菜市场里的荷花，专门用来吃莲子的叫"子莲"，专门吃藕的叫"藕莲"。还有一种荷花，主要是用来培育宛如纤纤素手的藕带，能一直抽到8月底。

  藕带是藕鞭（荷花的根状茎）最前端、刚抽生的一段长长的嫩芽。藕带易折断，不能挖，只能抽。抽出的藕带可以大火爆炒。热锅下油，爆香青红椒、蒜瓣，随后放入藕带爆炒，以一点生抽调味。也可以做成酸辣藕带。先将藕带用清水加一点儿白醋浸泡10分钟左右，随后将捞出的藕带进行焯水处理，再用盐、白醋、泡小米椒、小米椒等调味腌渍，置于冰箱冷

藏一个小时,即可食用。旁边买菜的阿姨告诉我,藕节间最爽脆笔直的那部分最好吃,细脆无筋。她们可能还会告诉你,如果要挑藕带,应当挑靠近顶芽的,这部分最为鲜嫩,因为尖中有芽,所以吃起来口感也参差多元。在菜市场里,有不懂的就问阿姨,得阿姨者得天下。

长沙菜市场里的鲜,还来自各种或寻常或生猛的河鲜。有时候,市场里还会有摸藕时顺带捎上来的来自洪湖的野生鳝鱼。和黄瓜条一起焖煮,里面再放点本地腊肉,咸鲜的风韵、脆柔的口感一举囊括。而夏季长沙最日常的食材,当属来自洞庭湖,带有紫苏和蒜蓉味的小龙虾。口味虾、油爆虾、臭豆腐卤小龙虾……长沙人在吃虾这回事上,充溢着上下求索的坚韧。湘江边、南门口、坡子街、四方坪,人们呼朋引伴,围坐一圈。来上一盘凉拌酸辣藕带,来自水生生物的鲜在此欢聚。有时候也会来一只肥美的甲鱼,下白胡椒清炖,独享江湖风味之奥妙,也可以加入五花肉和大量猪油红煨,让河鲜之味

与油脂之香在小火慢煨中共振。在河鲜充沛的季节，吃不完的小鱼小虾也可以存起来等来年食用。火烘是长沙浏阳的一种特殊加工方式。湖南冬天湿冷，在农村，人们喜欢把柴火放在火盆里烧，间隙烘鱼。在柴火的热力作用下，轻拢了一层茶油油脂的小鱼小虾被慢烘至焦黄透香，然后继续以木糠、橘皮熏制。蒸煮的时候，再加上浏阳豆豉、茶油和辣椒，这是让人心旷神怡的山野之气。

长沙的灵魂香料——紫苏

菜市场里的河鲜旁边总能看见一摊子紫苏。我是来了长沙才发现，紫苏才是这座城市的灵魂香料。长沙人爱紫苏到什么程度呢？紫苏黄鸭叫（也叫昂刺鱼、汪丫鱼）、紫苏鳝鱼、紫苏蛏子、紫苏木乃鱼、紫苏鸭……这些还不够，一切水菜鲜果都要轮个遍。紫苏黄瓜、紫苏苦瓜、紫苏桃子姜、紫苏西柚气泡水……时光荏苒的"荏"指的就是紫苏。这种唇形科一年生草本植物不仅叶子和花可以食用，结的籽还可以榨油。我还尝试过将紫苏叶放入泡菜。来自萜烯类物质紫苏醛的特有脂肪香、草木香和辛香，与本地的各种风味联手，成就了独特的地域性美食。

用美食博主韦嗯的话说，"长沙最值得出圈的，才不是茶颜悦色"，紫苏桃子

姜才是这座流量城市的低调王者。制作紫苏桃子姜时，一定要用紫苏叶，因为只有紫苏的叶片细胞中才含有丰富的花色苷，它是一种能溶于水的天然色素，颜色会随着酸碱值的改变而发生变化，酸性条件下为红色，中性为紫罗兰色，碱性条件下则呈现蓝色，和红蓝草很像。在长沙新兴的一些品牌店里，紫苏西柚气泡水也是宛如定海神针的存在。江湖里纵横捭阖的紫苏，在菜市场里却化身为埋头做事的务实派，与一把韭菜组合在一起。这种特质，就和湘江边长大的人一样。

| 2 |
| 1 | 4 | 5 |
| 3 | | |

3. 紫苏＋韭菜组合。
4. 朋友娇娇在制作的紫苏桃子姜。（本章大部分图片由王清欢拍摄）

生死之椒

在长沙的第三天，气温已达 38 摄氏度。朋友们一起出门吃饭，生死之交变成"生死之椒"。长沙的辣，百辣争艳，各擅胜场。有小炒牛肉里细碎的泡辣椒、小米椒、青蒜和各种坛子菜共冶一炉的清爽酸辣；紫苏黄鸭叫里紫苏、香菜打助攻的鲜椒之辣；擂辣椒皮蛋里本地樟树港辣椒烧制后的烟熏微甜之辣；还有醉鸡里的剁椒、鲜椒、泡椒和姜蒜带来恰到好处的复合酸鲜之辣。炒鸡蛋里的辣椒要用皮薄肉厚的品种，比如螺丝椒，煸出完美虎皮才算合适。还有干燥后生成各种芳香物质的干辣椒带来的辣，在一盘孜然香干里，这种香辣风味得以高度凝缩，散发着干果、泥土、木质和坚果的芳香。

中国人的菜市场―湖南长沙：荷花池菜市场

　　湖南有一种产自岳阳市湘阴县樟树镇的辣椒，就是传说中的樟树港辣椒，有时候每亩产量仅有 7 两。每年 4 月中下旬至 10 月初采收，这也是大部分湖南本地辣椒的生长时期。秋天的时候，市场上还有一种辣椒，在长沙一带被称作"扯树辣椒"，就是生长期结束前最后一次长出的辣椒。此时的辣椒富集了大量的风味物质，用来做剁椒最佳。最好在连续晴天后采摘，再用长柄剁铲压剁，最后加入盐、白酒等封坛。搭配鱼头，简直天作之合。湖南人会告诉你一定要用这种老坛剁辣椒做剁椒鱼头，用热油将剁椒、豆豉、蒜粒之味唤醒，随后将鱼头覆盖，只用蒸 15 分钟，鲜酸浓郁。扯树辣椒下市的时候，湖南也会迎来长达 5 个月缺乏新鲜辣椒的日子。当第一颗辣椒溯长江而上，进入洞庭湖流域，或从广州翻越南岭，进入湘南，湖南人就开始了他们的吃辣之旅。然而，湖南地处亚热带季风性湿润气候带，冬春季阴冷多雨，原产于南美洲的辣椒在湖南适合生长的时间实际上很短。于是，为了度过辣椒匮乏的季节，人们便想出了晾晒、腌渍、发酵等各种保存方式。也就有了菜市场里的各种辣椒制品，既可以单打独斗，也可以是最佳助攻，同时造就了湘味中特殊的由时间和微生物掌勺的"坛子味"。

1|2|3   1. 国庆前后的最后一拨辣椒,叫"扯树辣椒"。

  比如颇具迷惑性的白辣椒。白辣椒不是一个品种,而是一种处理辣椒的方式。青椒经过30秒左右的焯水,趁热摊开暴晒,在光与热的作用下,褪去青色转化为奶油白色,生成各种芳香气味。可以去籽去蒂继续晾晒,也可以一层辣椒一层盐,均匀码好、压紧,封坛两个月左右做成坛子菜,本地人称之为"卜辣椒"。晒干的白辣椒香而不辣,剪成丝和本地的小鱼小泥鳅搭配甚为美味,非但不喧宾夺主,反而倾囊相助。油炸也好吃,香香脆脆可当小零食。当然,白辣椒不止这些吃法,剪一道口子往里面塞米粉肉,就成了新化方言里的"敏盏辣子",米粉辣椒。如果将剁碎的鲜辣椒和米粉或糯米粉、磨碎的嫩玉米粒拌匀,加盐和花椒、白酒,装坛发酵,便成了鲊辣椒。块状的鲊辣椒用来做汤,汤里加小鱼便成了鲊辣椒糊鱼。还有一种酸辣椒,是用二荆条和本地辣椒腌渍而成,腌渍方式有干腌和湿腌两种。湿腌可以用淘米水,其发酵而成的酸辣椒与捣碎的糯米搭配成糯米酸辣椒时,谷物的清香与淡淡的乳酸香味交织,美味唾手可得。还有一种酱辣椒,更像是带点儿辣度

的腌咸菜，坛子味最浓。当磨成粉的辣椒出现在号称"东方奶酪"的霉豆腐中，便成了最佳助攻选手，本地人又唤作"猫鱼"。湖南人的猫鱼，最外面要裹一层碾得很细碎的干辣椒粉，发酵得当的猫鱼横截面应当是褐黄色。吃饭的时候可以刷在米饭的第一层，一定要多刷几下，然后盖上土豆丝酸豆角外婆菜。

当鸟类吞下整颗辣椒果实，把种子带到各地，世界便有了辣这种风味。

1. 樟树港辣椒。
2. 猫鱼。
4. 糯米酸辣椒。
6. 强哥凉菜家的各种辣椒。

中国人的菜市场｜湖南长沙：荷花池菜市场

1|2|3|4

熟食 |

作为老城区菜市场中的老字号，荷花池主要售卖的是生鲜，但真正使它声名在外的是熟食。以前物资还不是很丰富的时候，家里炒几个菜，来荷花池买几个特色小食，就凑成了一桌好酒好菜。比如长沙四大捆鸡中的三家——张记捆鸡、陈记捆鸡、浪哥捆鸡都落户在了荷花池。就像老婆饼里没有老婆，长沙的捆鸡里也没有整鸡，但是比鸡肉更贵。捆鸡是将猪、鸡、鸭的小肠捆绑后再卤，切片后配上各种拌料，长沙街头人见人爱。有鸡的是先卤后炸的上海香酥鸡。门口排队的是大名鼎鼎的矮子馅饼，虽然是湖北荆州的品牌，但是到了擅长造星的长沙才成为网红爆品，肉松和板栗口味的基本到下午就买不到了。往西走还有毛姨鸡爪。虽然卤水味道一般，但是韭菜坨好吃极了。用宽叶韭菜加生抽、麻油、辣椒油凉拌，你来我往之间带着醒目的辛和温柔的鲜甜。小米糕晶莹剔透，尤其推荐桂花和葡萄干口

味。对面的公交站巷子里是湘潭人开的糖油粑粑铺,早上咬上一口被棕色糖油包裹的粑粑,表壳酥脆,内里香软,热气透过脆壳上的细密气孔丝丝缕缕地扩散。和糖油粑粑识于微时共同长于市井的,还有中国臭豆腐界的招牌——长沙臭豆腐,本地人又称为"臭干子"。自带粪臭素(来自卤水中的"3-甲基吲哚")的臭干子,前调之臭犹如鸡屎般直冲脑门。而腌渍豆腐的卤水则是用冬笋子、浏阳豆豉、香菇等多种鲜味慢慢熬煮而成。植物油烧至七成熟时下入臭豆腐,在热油中翻滚一趟,粪臭素逐渐稀释,分泌的氨基酸又形成了新的勾人食欲的气味。豆腐呈膨空焦脆状即可捞出沥油,讲究原味的,会只用酱油、蒜蓉、干辣椒、香油调味。清雅的豆香与鲜辣的汤汁中,香与臭相互对峙又彼此成全,相爱相杀。

往菜市场里走,有一位老太太在卖酸芋荷、腊八豆、酸腌菜,各来上一袋拿上

去嗍粉。大米浸泡后磨浆，直接蒸熟、切条。长沙人更喜欢吃扁粉，比普通米粉更绵软，比圆粉更容易入味。当它与猪油里长长的饱和脂肪分子新陈交汇，就是在长沙人手一碗的猪油拌米粉。这个季节老长沙人难以割舍的地道浇头除了最家常的肉丝，还有菜市场里的寒菌。长沙人对寒菌的喜爱，不亚于云南人对鸡枞的追捧。卖菌子的夫妻说他们昨晚一夜没睡，在山上采菌子。而不同地区菜市场里寒菌的价格也有天壤之别，比如在荷花池20~25元一篮的寒菌，到了河西滨江菜市场，价格就翻了一倍。有的店擅长煨码，比如本地人很喜欢的煨煮牛肉，有些店则主攻炒码。猪油、猛火、抛锅，一顿操作猛如虎，开启了长沙人烈火烹油的一天。

1 | 2
   | 3

  如果说菜市场里的鲜鱼水菜是长沙江湖岁月里风味的发端，让这座城市释放出湘水一般的缱绻柔情，那么在菜市场之外的"大江大河"里，茶颜悦色、三顿半、鹊食这些新兴起来的品牌就犹如湘水中搏击风浪的橘子洲头，既拥有忆往昔峥嵘岁月稠的底气，亦有不破不立的勇气。我想这股底气和勇气的来源，或许可能就像一位网友所说："其实长沙最好吃的还是家里的菜。像剁椒鱼头，一般需要煎一下，再加入紫苏、蒜叶炖出来奶白的汤。好吃的家常菜有油淋茄子、醋泡烧辣椒、擂辣椒、红烧猪尾巴、剁椒蒸肉、白辣椒炒肉、太极图（小鳝鱼）、姜辣鸭、韭花炒

new lifestyle

牛肚、双椒炒牛肉,还有辣椒炒肉,每家都不一样,滋味各有秋千。"家为这里的风味刻上了年轮,经常在生活中进行极为普通却又十分重要的练习,才能做到丝丝入扣,长沙的味道就是日日练习的家里味道。

13

甘肃天水：陇上江南

悠长时光中的酸甜苦香

中国人的菜市场—甘肃天水：陇上江南

1. 芒市。

陇上江南
悠长时光中的酸甜苦香

独孤猹，出生于 1998 年 10 月，从小的梦想是开家卖糖的小店或成为美食评论家，长大后发现人与人之间有口味差异，第二个梦想逐渐幻灭。因为从小学舞蹈，16 岁就跳级考上了大学。大二的假期去英国参加短期培训，遇到了比自己还小一岁、刚刚经历完中考的边境男孩，也因为他，整个大二大三的假期都承包给了云南。失恋之后开始没日没夜地做饼干，把饼干送给朋友后得到了很多好评，切身体会到被食物治愈及通过食物带给别人快乐的幸福感。大四开始正式投身甜品行业，一边逛烘焙展，一边写毕业论文。毕业之后回到家乡，主业躺平，副业做甜品、织毛衣、绣花、种菜、养狗。最近租了 12 亩土地，买了一只刚出生的小羊，打算换个更大的地盘躺平。

在云南边陲的傣乡德宏芒市，独孤猹（以下简称"猹"）第一次吃到了过手米线。那是一种干拌米线，是居住在德宏陇川县的户撒阿昌族特有的美食。米线是用红米制成，放入必不可少的烤肉皮，再加上剁碎的瘦肉、猪肝、猪脑、花生碎、煳辣椒、姜、芫荽、折耳根等作料，拌在一起。搭配的"茶水"汤底呈白色，据说是用酸菜和酸萝卜做的，透着一股发酵带来的酸香味道，也有的地方用的是酸木瓜。当她第一次喝这杯"茶水"时，不禁在心里嘀咕："这不就是我们老家的浆水吗？"

猹的老家处于中国版图中心地带，被称为"垄上江南"的甘肃天水。嘉陵江支流西汉水，自北向南穿过天水南部，见证了它的浮沉。而黄河的最大支流渭河，则自西向东蜿蜒天水全境。位于中国南北分界线上的天水，拥有甘肃境内少有的温带半湿润气候，以及遍布山川的丰富野菜。比如苋苋菜、灰灰菜、茵陈、乌龙头、邪蒿、蒲公英、香椿、槐芽、椒芽、核桃花等。其中一些就是制作浆水的绝佳原材料，常见的如菊科的苦苣菜（也叫苦苦菜、苣苣菜），也可以用毛芹菜、圆包菜、蒲公英等替代。在陇东南，家家都有一缸让人生津开怀的浆水。在这里存了上千年的浆水，在漫长的岁月中担负着

储藏蔬菜、度过食物相对匮乏季节的重任，同时成为本地日常一食一饮里重要的"调味料"。人类在偶然间打开这扇风味大门，这是一种独一无二的滋味，可随时呼应唾液横飞。它和当地风土一起载浮载沉，并将这种基因和气味贯穿天水人的一生，这也是猹童年的味道，伴随着她从一个地方到达另一个地方。

酸·菜市场里的浆水 |

西北的天亮得晚，早上七八点，很多人睡眼惺忪时，猹已经去山林里遛狗遛羊了。下山的时候，身上还带着来自林中的薄雾。顺道去一下附近的菜市场，清晨的菜市场早餐店里热气蒸腾，有"呱呱""捞捞""削削""然然"，天水人的早晨先从一碗"呱呱"开始。这是一种用荞麦淀粉制成的食物，荞麦是当地常见的一种谷物，蓼科荞麦属。按照猹姥姥的说法，荞麦要先泡软去壳，然后用酒瓶碾碎成粒，反复搅拌至糊状后投入石磨碾磨成粉浆，过滤后倒入锅中小火慢煮，不断搅拌。荞麦中饱含的支链淀粉让其很快糊化

1	3	5	7
2	4	6	8

3. 猹在心里盘算着，等羊宝宝成年后相亲，怀孕5个月就有羊奶了。
4. 几个月后，它们长大了。
5. 荞麦卷饼。
6. "呱呱"。
8. "捞捞"。

中国人的菜市场—甘肃天水：陇上江南

成胶状，盛出后冷却，此时得到的就是一份口感爽滑的荞麦凉粉。而当留在锅中继续搅拌的荞麦粉浆成为更加绵密紧实的存在后，就是"呱呱"了。用炉灶余温加热，继续煨烤留下的部分，便成了天水人眼中呱呱的精华所在——猹口中的"胡嘎"，有点像烤到焦香的锅巴。将"呱呱"揉捏成不规则的小块，拌上油泼辣子、芝麻酱、醋、蒜泥等，调匀就可以吃，麻酱一定要多放，辣椒则用的是甘谷

1. "捞捞"的捞网。
2. 土豆淀粉做的"然然"。
3. 同样由土豆淀粉做的钢丝面。

325

1	2	4
	3	5

4. 猪油盒。
5. 天水的早饭，猪油盒和荷包蛋是官配。猪油盒是用一个圆形大锅烙的，猎说她每次只要外围的，因为多一层酥皮。传统做法是用猪油，现在也有用清油做的；荷包蛋里有虾皮、紫菜、榨菜、香菜和小葱。吃的时候把酥皮的部分放在汤里迅速蘸一下，就很快乐。

羊角辣椒。做辣椒面时，要用胡麻油慢慢将辣椒炒到焦香酥脆，然后放入石臼，反复碾压至粉碎。如果用特制的工具"捞网"从荞麦凉粉顶上捞出细条，就是"捞捞"。在侧面用刀削出薄片，被唤作"削削"。 在姥姥看来，真正的天水"捞捞"是用豌豆淀粉做的，"然然"则用的是土豆淀粉，弹牙劲道。处在陕、甘两个主食大省交界之处的天水人努力再造，将各种淀粉化腐朽为神奇，有的在形态上改头换面，有的在骨子里暗做文章。这是他们让一方水土之上的食物长久储存的智慧，连同着草木与土壤的呼吸。

春天的菜市场里，有许多时令野菜，比如荠荠菜、灰灰菜、茵陈、乌龙头、邪蒿、蒲公英、香椿、槐芽、椒芽、枸杞头、核桃花等。野菜可以用来凉拌或者拌上面粉制成蒸菜，比如凉拌枸杞头、蒸洋槐花。茵陈也可以用来凉拌。茵陈，或者叫它茵陈蒿，是菊科蒿属的一种植物。菜市场里还有可以用来制作浆水的野菜，比如苦苣菜、蒲公英。在这里存在了上千年的浆水，在漫长的岁月中帮助人们度过食物相对匮乏的季节，也渐渐成为本地日常饮食里重要的"调味料"。菜市场里还有一家售卖用包包菜"挿"（chā）的浆水，包包菜，就是我们常吃的卷心菜。"挿"在本地人的话语体系里是个动词，大体是制作的意思，就好比"酿"酒。天水人实诚，老板会直接告诉你用包包菜做的浆水一般，最好吃的是用萝卜、苦苣菜做的。用苦苣菜做好的酸菜不软烂、有嚼劲，在酸中暗带一股回味绵长又飘渺的苦意，似乎带着西北人独特的散漫与自在。在天水的面馆里，浆水既是重要的调味料，也是可以直接饮用的饮品。

1. 荠荠菜就是荠菜。
2. 茵陈，菊科的一种植物，背面为灰白色，有一层绒毛。
3. 苣荬。

中国人的菜市场 | 甘肃天水：陇上江南

1 | 3
2

1. 油菜花宝宝。
2. 茄科的枸杞头。

　　也可以用更容易采购的芹菜来制作浆水。将洗干净的芹菜切成长段，锅中的水煮沸后关火，放入芹菜烫至断生后迅速捞出，自然晾干。"揿"浆水可娇气了，全程不能见生水和油腥，否则很容易变质。用"烫"，而非"煮"，既保证了芹菜的清香与脆爽，又能起到杀菌的作用。"揿"浆水要用到的汤，可以是面汤，也可以是米汤。做面汤时，在面粉里加入凉水搅拌成面糊状，将和好的面糊加入沸水中，边加边搅调成面汤。面汤的浓度要恰到好处，太浓的话做出来的浆水浑浊不清爽，而且乳酸菌会繁殖过量，导致浆水过酸。浆水的制作通常还需要一味"引子"的牵引，旧浆水是最好的酵母，也可以用谷物酿造的白醋，盖上盖子，在时间和温度的双重作用下，开启新浆水的发酵，轻微发酵两三天即可食用。此时的芹菜在微生物和酶的作用下，茎叶变得绵软，颜色逐渐褪去，大量乳酸菌产生。用蔬菜和谷物发酵而成的浆水，散发出醒目酸香的味道。

盛一碗凉的生浆水直接当茶水饮,也可以做薄荷柠檬浆水。大部分时候,浆水要炝锅。浆水炝锅很神奇,许多人做出来有股馊味,那是因他们把浆水煮开了,而浆水不能煮开。葱、姜、蒜、花椒、干辣椒扔进油锅里,炝到微糊,把浆水倒进去,浆水被激发得酸香底味和各种细微香料相互置换香气,风味变得层次多元。

菜市场里有浆水豆腐,浆水代替石膏点的豆腐就是浆水豆腐。浆水搭配搅团(类似土豆泥的主食)就是浆水搅团。搭配面鱼就是浆水面鱼(烫好的面糊用漏勺压进、凉水固型,拖着尾巴,叫面鱼)。一勺浆水加入,面鱼与浆水共生,轻盈灵动。而搭配凉粉则成了浆水凉粉。

作为夏天解暑利器的浆水,拿来做浆水面时要注意面汤和浆水的比例,加多了太酸也不好吃,加少了味道寡淡。猹说她最喜欢的是兰州浆水面的吃法。里面没有菜,面会过冰水,夏天吃上一口太快乐了。做浆水面时,通常会把腌韭菜提前放在浆水里增加咸度。吃的时候,可以就着辣椒环环(即青辣椒圈加上酱油同炒)吃。如果觉得素了,再放点卤肉。虎皮辣椒则是面食店里都会准备的小菜,能给一碗酸香的浆水面补充辣度。

依赖于当地风土的浆水既可以扎根于家常茶饭,比如浆水糁饭,也能成就餐厅里的风味大餐,比如浆水火锅。人们在无意中发现它的发酵规律,然后把这抹"酸"留下,供养一方水土之人。像是一点跳跃、一点突破,带领人们走到更美的开阔地。

1. 浆水豆腐。
3. 面鱼。

333

甜·全中国乃至全世界唯一的可食用甜百合 |

如果说酸与辣是天水人的家常风味，那么甘与甜则是烙印在骨子里的温柔底色。比如用莜麦（禾本科燕麦属）或青稞（禾本科大麦属）为原料酿制的甜醅子。将莜麦或青稞用清水淘洗干净，浸泡30分钟左右，大火煮到莜麦或青稞表皮开裂后捞出沥干，搅拌使其温度降至40～50摄氏度左右。然后拌入酒曲，装入坛中自然发酵三到五天，一碗香甜的甜醅子就做成了。

猹家门口有个老大爷支起的小摊子，一年四季都有甜醅子。老大爷骑个三轮车，有时候还会去山上村子里叫卖。醅，实际上是一种未经过滤的酒。所以闻起来有一股淡淡的酒味，发酵时间越久，酒味越为醇厚。吃起来软糯黏牙又芬芳耐嚼，舀一勺放进嘴里，有种小型爆浆的愉悦感，唇齿在酒香与麦香之间游走。端午的时候，家家门口都挂起了柳叶和艾叶，老大爷的摊子上还有糯米白粽，拿回家浇上冰凉的蜂蜜，是属于天水人的端午甜点。还有一种甜糜子饭，糜子（禾本科黍属）这种陇东、陕北特有的农作物就是曾经的五谷之首——黍。用来做饭口感真的不怎么好，但是磨成粉做成馍馍却意外地好吃。猹的妈妈做的糜面馍馍里喜欢放上自己熬煮的红豆沙，不用其他佐料，直接吃，可以感受到谷物里蕴藏的朝夕收获的质朴甜味。

1 | 2 | 3   2.猶用家乡的苹果做的甜点。

天水的甜，还有新鲜瓜果之香甜。甘肃地形复杂，高原、盆地、平原、戈壁，各种地形地貌并存，气候类型也丰富多样。这种地理环境让不管是本土还是外来的水果，都可以在甘肃"落地生根"。从陇东南开始，到河西走廊远至敦煌，有一条水果"甜带"，其中就有天水的一席之地。比如口感粉糯香甜的天水花牛苹果，与富士、蛇果合称"世界三大苹果"，吃完后仿佛人生的一切疾苦都可以暂时抛之脑后。

位于天水麦积山附近的樱桃也上市了，樱桃园在半山坡，昼夜的温差让这里积蓄了比平地果园更多的风味物质，所以长出来的樱桃个头大、甜度高。在达到九分熟时采摘，果实黑里透红，光泽透亮，汁水饱满。咬一口，脆甜，果肉与果汁在口腔里交融。不管是萍水相逢，还是偶然注定，它们和此间的风土一起载浮载沉，并将这丝丝甜意贯穿天水人的一生。

1	2
	3

1. 3月的樱桃花是白色的，授粉之后会变成粉色。

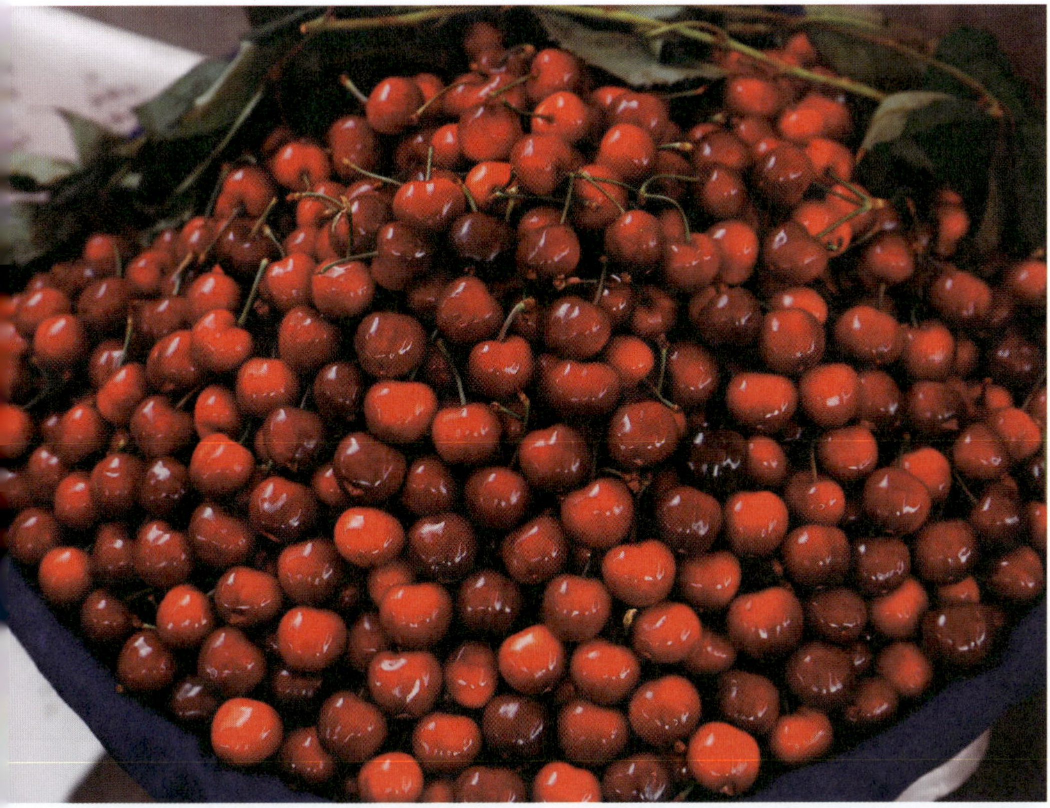

22mm
24mm
26mm
28mm
30mm
32mm
34mm
大樱桃/车厘子标准测量尺

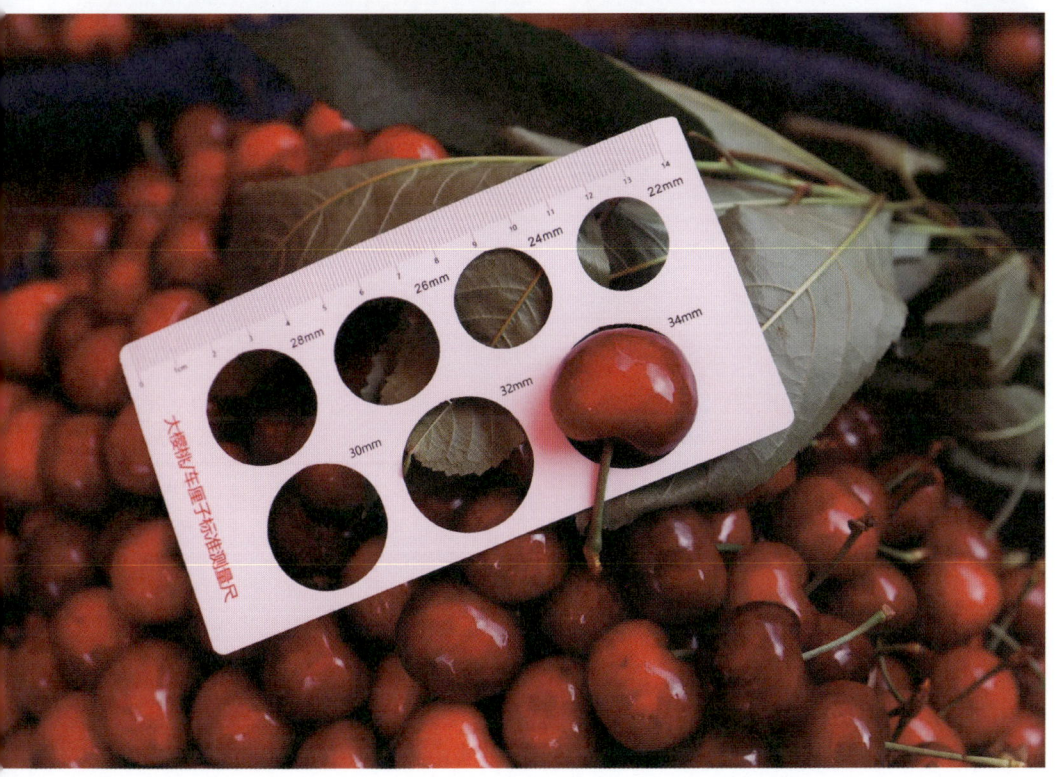

每年到了深秋气温骤降的时候，猹就开始到处打听海拔2000多米的西果园里一种特殊"水果"的开挖时间。这种特殊水果就是兰州百合，川百合的变种，我们要吃的是它的地下鳞茎部分。它也是一方小水土才能滋养出的中国乃至全世界唯一的可食用甜百合，本地人也称其为"菜百合"。（香格里拉雪百合的出现，打破了甜百合只生在兰州的传说。在位于香格里拉美丽的纳帕海自然保护区海拔3250米处，更高更远的雪域高原上，有更甜的雪百合。）百合在中国多地都有生产，南方市场上的百合多以卷丹百合和龙牙百合为主，吃起来都带有微微的苦涩，也被称为"药百合"。猹说种百合的阿姨告诉她，有南方人拿他们的"百合根"（百合鳞茎）回去种植，种出来也是苦的。

在所有的百合中，兰州百合的生长期最长，至少6年。西北市场上的兰州百合以6年、8年、9年的居多。漫长的生长周期让兰州百合出落得亭亭玉立，圆润饱满。时候一到，天水的菜市场里就摆满了这种多年生的百合。碰见百合瓣尖有枯黄的边，摊主会和你说那是百合开花后枯萎的花茎留下的，属于正常现象，不影响食用。猹说最甜的是中间一层，但是现在很

多商家为了卖相好看都剥得很干净,和独头蒜一样,其实很可惜。冬天最冷的时候,也是百合中营养物质和风味汇集的时候。饱含的淀粉转化成的糖分在此时达到顶峰,呈现出最为甘甜的本味,爽脆多汁中包裹着细腻润嫩。百合喜欢凉爽且较耐寒,当它离开泥土后,要把浮土去掉,然后小心存放在零摄氏度的冷库中。

在家里烤百合,具体时间和温度要视百合大小而定,一般是家用烤箱150摄氏度烤40分钟左右。此时白皙娇嫩的百合在高温的作用下逐渐脱去水分,表皮变得金黄酥脆,百合心则化为绕指柔变得细腻绵软起来,清甜中伴有呼之欲出的焦香,这是专属兰州百合的出类拔萃的风味。猹喜欢吃脆百合,高温氽烫20秒左右即可食用。如果喜欢面的口感,则需要水煮8分钟左右。和鸡头米一起慢煮,先煮鸡头米,煮好了再加上百合,最后撒一点糖桂花,就是一碗熨帖内心的柔滑轻盈的甜羹。一百多年以前,一颗川百合种球在此落地生根,历经长年累月的生长和耐心的沉淀,最终褪去苦涩,与这里的风土难舍难分又彼此成全。

苦·苦豆粉油饼 |

度过漫长冬季，再次迎来春天。此时野菜还没有大量上市，山上的积雪也尚未融化。猹准备好干百合花和鹞鸪茶，准备再去菜市场里买点苦豆粉寄给远方的朋友。兰州百合的花是可以吃的，其他观赏百合则不行。百合花是去年 6 月兰州百合进入盛花期的时候摘的，晒干之后泡水喝有股淡淡的香味。菜市场里还有用苦豆粉做的苦豆饼，猹的妈妈也在家里做起了苦豆粉麻叶子。

虽然叫苦豆粉，但它其实是一种芳香调料，也被称为香豆粉，是西北人制作花卷和馍馍的主要香料。据卖苦豆粉的大爷说，这是用一种叫葫芦巴的植物的种子、茎秆和叶子打碎制成的。便宜一点的苦豆粉主要用种子和茎秆，纯叶子打的则会贵一些，味道也会更加浓郁。葫芦巴是原生于东南亚和地中海一带的草本豆科植物，它的种子，就是葫芦巴豆，味道略苦，但又带有一种非常独特的香甜气味，类似干草、枫糖浆和焦糖的味道。据说这种气味来自葫芦巴内酯，这也是蜜糖、大麦芽、咖啡、酱油、熟牛肉的重要挥发性物质。

1	3
2	4

1. 葫芦巴叶子。
2. 苦豆粉。
3. 苦豆饼。
4. 苦豆粉麻叶子。

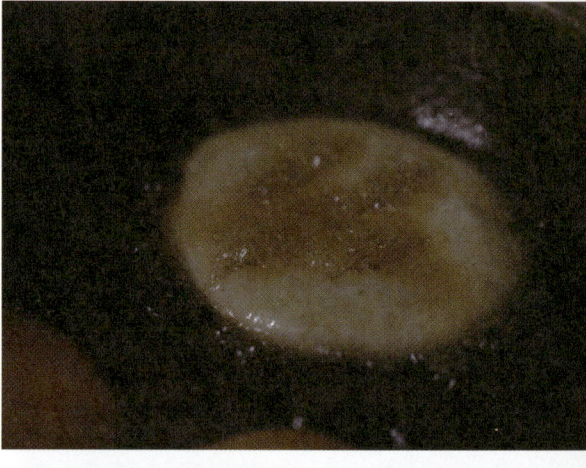

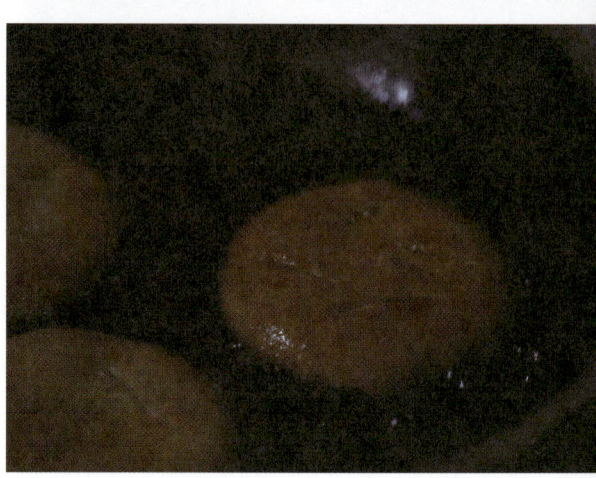

　　猹的奶奶会做一种用苦豆粉做的油饼。将苦豆粉、盐、糖、酵母和中筋面粉混合均匀，加入鸡蛋、牛奶和花椒水，揉匀后室温发酵4小时左右备用。发面的同时做油酥，随后将做好的油酥均匀地撒在发面上，把油酥发面包裹起来，揉至表皮光滑后再次醒发15~20分钟。然后再将发好的面均匀切分，擀至筷子厚度，划几刀，炸至金黄即可。做好的油饼饼皮酥脆内里绵软，即使放凉了也不会塌也不会硬。

　　天水人似乎对苦味有种超乎寻常的偏好。当地传统的打卤面里喜欢放黄花菜和乌龙头。乌龙头也是清苦类的，是小孩看见直摇头的那种，算是当地野菜里吃起来最苦的，没处理好的话会苦到让人面目扭曲。它在云南的菜市场里也出现过，就是五加科的楤木嫩芽刺老苞。在天水，炒菜用的油也以带有微苦之味的胡麻油居多。两千年前，亚麻科的胡麻顺着丝绸之路来到中国，随后成为天水人厨房里重要的食用油。在猹的姑姑家里，用的几乎都是胡麻油。胡麻油是一位风格异常突出的选手，且上色力强、滋味浓郁。

天水人早上爱吃黄馍，黄馍的官配少不了用苦杏仁（北杏仁）做的杏茶。在猹的记忆里，小学二三年级的时候，经常早上买一个黄馍，再用保温壶打一壶杏茶，上课时倒进壶盖里喝。饱满白润的苦杏仁去皮擂碎，有点儿像云南的擂花生汤，加水熬煮，此时所有的锋芒立刻被滚水软化、抹平，变成清香温顺的茶汤。喝的时候一般会加一些盐，再撒一层茴香粉，引出属于杏茶的独有自然清香。当天水人遇到苦，他们坦然地与"苦"狭路相逢，一点儿也不露败象。

1	3	5
2	4	6

1-4. 用苦豆粉做的油饼。
5. 黄馍
6. 杏茶。

1. 天水的一处菜市场。

香·跨越山海的气味记忆 |

　　猹用苦豆粉做了油饼,搭配了一瓶来自云南的木姜子酱。木姜子酱里有来自樟科植物木姜子散发出的类似柠檬、薄荷、香茅的香气,也有姜科的"青姜"散发的馥郁辛香。所有的香气碰撞出奇妙的味道,浓郁又缥缈。就像很多年以前,她去往云南芒市追寻的一个绮梦一样,是一个懵懂的17岁少女和一个中缅边境16岁少年的故事。记忆中,她在芒市住的院子里,有一棵很大的香橼果树。从房间的窗户看出去,香橼果挂满枝头,果香清新上扬。在浓荫下,成就了相距几千公里的奇妙相逢。当她从那里回到家乡,回到父母身边,又好像是深山中那棵高达10米的木姜子树上被雨打落的木姜子果,绮梦过后,落回生养她的地方。

中国人的菜市场｜甘肃天水：陇上江南

图书在版编目（CIP）数据

中国人的菜市场：当地人都在吃什么 / 老刘著 . -- 北京 : 中国友谊出版公司 , 2024.6
　ISBN 978-7-5057-5855-1

　Ⅰ.①中… Ⅱ.①老… Ⅲ.①饮食—文化—中国 Ⅳ.① TS971.202

中国国家版本馆 CIP 数据核字 (2024) 第 091861 号

本书中文简体版权归属于银杏树下（北京）图书有限责任公司。

书名	中国人的菜市场：当地人都在吃什么
作者	老刘
出版	中国友谊出版公司
发行	中国友谊出版公司
经销	新华书店
印刷	河北中科印刷科技发展有限公司
规格	787×1092 毫米　16 开 21.75 印张　320 千字
版次	2024 年 6 月第 1 版
印次	2024 年 6 月第 1 次印刷
书号	ISBN 978-7-5057-5855-1
定价	148.00 元
地址	北京市朝阳区西坝河南里 17 号楼
邮编	100028
电话	（010）64678009